Mario Quintana

A VACA E O HIPOGRIFO

QUINTANA PO

1- Signo do Leão (30 de

po Azt

o a mã

passo

de te

afugen

QUINTANA

...lho de 1906). Cavalo, no
...a sou
...pois
...do a m
...or. Ta
...r os v

Mario
Quintana

A VACA E O
HIPOGRIFO

ALFAGUARA

Copyright © 2012 by Elena Quintana de Oliveira

Todos os direitos desta edição reservados à
EDITORA OBJETIVA LTDA.
Rua Cosme Velho, 103
Rio de Janeiro — RJ — CEP: 22241-090
Tel.: (21) 2199-7824 — Fax: (21) 2199-7825
www.objetiva.com.br

Coleção Mario Quintana

Organização
Italo Moriconi

Projeto de capa e miolo
Mariana Newlands

Imagens de capa
Eneida Serrano

Manuscritos de capa e miolo
Acervo Mario Quintana/Acervo Instituto Moreira Salles

Revisão
Fatima Fadel
Ana Kronemberger

Editoração eletrônica
Abreu's System Ltda.

CIP-BRASIL. CATALOGAÇÃO NA FONTE
(SINDICATO NACIONAL DOS EDITORES DE LIVROS, RJ, BRASIL)

Q67v
    Quintana, Mario
        A vaca e o hipogrifo / Mario Quintana. — Rio de Janeiro:
    Objetiva, 2012.

        298p.   ISBN 978-85-7962-143-7

        1. Poesia brasileira. I. Título.

12-3870.   CDD: 869.91
                              CDU: 821.134.3(81)-1

Sumário

15   QUINTANA: A DESMONTAGEM DO MUNDO
        Antonio Carlos Secchin

23   *5005618942*
24   *As covas*
25   *Imperceptivelmente*
26   *Ah! Essas precauções...*
27   *Restaurante*
28   *Linguagem*
29   *Evolução*
30   *Trecho de carta*
31   *Recato*
32   *Paraísos*
33   *De leve*
34   *Conto familiar*
35   *A verdade da ficção*
36   *Poder de síntese*
37   *História urbana*
38   *Apresentações etc.*
39   *Noturno XVII*
40   *Homo insapiens*
41   *No meio da rua, não*
42   *Lazer*
43   *Andanças e erranças*

44	*Hamlet e Yorick*
45	*Haikai*
46	*Branca*
47	*História quase mágica*
48	*Intenções*
49	*Verbete*
50	*Poema entredormido ao pé da lareira*
51	*Outro princípio de incêndio*
52	*Relax*
54	*De como não ler um poema*
55	*Serenidade*
56	*Os elefantes*
57	*Compensação*
58	*As Três Marias*
59	*Gramática da felicidade*
60	*Da verdadeira possessão diabólica*
61	*A chave*
62	*Anotação para um poema*
63	*Confessional*
64	*Os hóspedes*
65	*Urbanística*
66	*Bilo-bilo*
67	*Suspense*
68	*Do estilo*
69	*A leitura interrompida*
70	*Dos rituais*
71	*Intérpretes*
72	*Ficção*
73	*Carrossel*

74	*Da conversação*
75	*Opção*
76	*História natural*
77	*Uns e outros*
78	*Loteria*
79	*2005*
80	*Horas*
81	*Dos costumeiros achaques*
82	*Liberdade condicional*
83	*Libertação*
84	*A vida*
85	*Conto de todas as cores*
86	*Elegia*
87	*Verão*
88	*Incomunicabilidade*
89	*Madrigal*
90	*Os excitantes e a saturação*
91	*O confidente sumido*
92	*Bilhete a Heráclito*
93	*Surpresas*
94	*Agora e sempre*
95	*Ah, o bom gosto*
97	*Viagens no tempo*
98	*Lições da história*
99	*Vida social*
100	*O mago e os apedeutas*
101	*A rua do poeta*
103	*A construção*
104	*Clareiras*

106	*A tentação e o anagrama*
107	*A guerra e o desespero*
109	*Suspense*
110	*Libertação*
111	*Parêntesis*
112	*História contemporânea*
113	*Romance sem palavras*
114	*Degradação*
115	*Paz*
116	*Vovozinha*
117	*Fazer e sentir*
119	*Semelhanças & diferenças*
120	*Não, não convém muita cautela*
121	*Aproximações*
122	*Nariz e narizes*
123	*A divina caçada*
124	*Nostalgia*
125	*Da serenidade*
126	*Raízes*
127	*Decadência da burguesia*
128	*Álbum de N. F.*
129	*Perversidade*
130	*História real*
131	*Boi do barulho*
132	*Um velho tema*
133	*Cecília*
134	*Transcendência*
135	*O menino e o milagre*
136	*Do gigantismo*

137	*Parcialidade*
138	*Aug*
139	*Poesia e emoção*
140	*Pequeno esclarecimento*
141	*"2001 — Uma odisseia no espaço"*
142	*De certa oratória*
143	*Urizafel*
144	*De uma entrevista para o boletim do IBNA*
145	*Verbetes*
146	*Poema*
147	*Pausa*
149	*Conto amarelo*
150	*Apontamento de história natural*
151	*Ah, as viagens*
152	*O raptor*
153	*Sempre desconfiei*
154	*O estranho fichário*
155	*Clarividência*
156	*A moeda*
157	*No silêncio da noite*
159	*Comunhão*
160	*A revelação*
161	*O álbum*
165	*A grande aventura*
166	*Cautela*
167	*Simultaneidade*
168	*Primeiras leituras*
169	*O silêncio*
170	*Silêncios*

171	*Novidades*
172	*Achados e perdidos*
173	*Catarina*
174	*Até que enfim*
175	*Babel*
177	*A gente ainda não sabia*
178	*Poças d'água*
180	*De um diário íntimo do século trinta*
182	*Sabotagem*
183	*O mundo delas*
184	*Coisas nossas*
185	*O ovo inquieto*
186	*Conto azul*
187	*Em tempo*
188	*O criador e as criaturas*
189	*Reflexos, reflexões...*
190	*Exercícios*
191	*Direção única*
192	*Raios & trombetas*
193	*A grande atração do circo*
194	*Não olhe para os lados*
195	*Diagnóstico errado*
196	*Ainda as convicções*
197	*Tédios*
198	*A morte viva*
199	*Novos & velhos*
200	*Sete variações sobre um mesmo tema*
202	*Realejo, gaita de boca e outras musiquinhas...*
204	*Germinal*

205	*Vivências*
206	*Souvenir d'enfance*
207	*Depoimento*
208	*Gestos*
209	*O morador distante*
211	*Ah, sim, a velha poesia...*
213	*Eis senão quando*
216	*Os invasores*
217	*Comunicação*
218	*Uma simples elegia*
219	*Cinema*
221	*Um poema anacrônico*
222	*Esperas e surpresas*
224	*Uni-versos*
225	*Crime & castigo*
226	*Cautela!*
227	*Paz*
228	*Mobral*
229	*Um pé depois do outro*
230	*Silêncio*
231	*Conto do tresloucado*
232	*Noturno*
233	*Nostalgia*
234	*As partezinhas*
235	*A minha vida foi um romance*
236	*Leituras secretas*
237	*Ingenuidade*
238	*Os olímpicos*
239	*O que chegou de outros mundos*

240	*Zoologia*
241	*Passarinho*
243	*Está na cara*
244	*Lá pelas tantas*
245	*O inominável*
246	*Depois de tudo*
247	*Que horas são?*
248	*Ironia e humor*
249	*A poesia é necessária*
250	*Perguntas & respostas*
252	*Golpe de Estado*
254	*A eternidade está dormindo*
255	*Do primeiro ao quinto*
257	*Motivações*
259	*A terra*
260	*Geometria*
261	*Camuflagem*
262	*A viagem impossível*
263	*Retratos*
264	*Dona Santinha*
266	*O tempo e os tempos*
267	*Puxa-puxa*
268	*Uma frase para álbum*
269	*Memória*
270	*Instabilidade*
271	*Da observação indireta*
273	*A minha rua*
274	*Leitura: redação*
276	*Conto azul*

278	*Coisas de índios*
279	*Atavismo*
280	*Caligrafias*
281	*No princípio do fim*
282	*O ovo*

283	**APÊNDICES**

285	*Sobre Mario Quintana*
289	*Cronologia da obra*
291	*Índice de títulos*

Quintana: a desmontagem do mundo

Antonio Carlos Secchin

O hipogrifo, todos sabem, é aquele animal mitológico misto de águia, leão e cavalo. Mas que diacho significa uma vaca? Na visão de Mario Quintana, trata-se de um bicho que voa lentamente, porque gosta de apreciar a paisagem – mais ou menos como os anjos, que "voam em câmara lenta", e os poetas, cúmplices de tudo que não tem pressa de passar.

A poesia de Quintana jamais é afobada. Detém-se, com minúcia joalheira, nas cintilações do precário e do mínimo. Apropria-se das coisas simples para transformá-las em inexaurível fonte de perplexidade: num *Baú de espantos*, conforme intitulou uma de suas obras. Para ele, "esse tão balado realismo fantástico existiu sempre: é a poesia".

Décimo quarto livro do autor, *A vaca e o hipogrifo*, cuja primeira edição remonta a 1977, se constitui numa excelente amostragem do estilo enganosamente "fácil" do poeta. O tom é informal, as palavras provêm do registro cotidiano, e a predominância da prosa sobre o verso poderia acentuar ainda mais um clima de descontraída interlocução com o leitor. Mas, sob tantos elementos que parecem sustentar uma prática ingênua ou espontânea da criação literária, subjaz um discreto experimentador de formas, tanto mais vigoroso quanto menos explícito: "Se alguém acha que estás escrevendo muito bem, desconfia... O crime perfeito não deixa vestígios."

As obras de Quintana quase sempre navegaram à contracorrente das marés estéticas de seu momento de publicação. Numa época de intensa prática do versilibrismo, o poeta estreia (*A rua dos cata ventos*,

1940) com um livro de sonetos de métrica ortodoxa. A seguir, quando predomina a disciplina formal da Geração de 45, nosso autor lança (1946) as *Canções*, várias delas vazadas em verso livre. Depois, rompe com o próprio verso, em *Sapato florido* (1948), substituído por fulgurações líricas em prosa. Se *O aprendiz de feiticeiro* (1950) é constituído por poemas de métrica e estrofação inconstantes, *Espelho mágico* (1951) apresentará 111 peças rigorosamente talhadas em forma de quadras, cujos versos serão sempre rimados. Como constatamos, cinco livros sequenciados com cinco configurações inteiramente diversas.

É no *Caderno H*, de 1973, que se localiza a matriz imediata do livro de 1977. Ambos investem na coabitação de gêneros (prosa/poesia). Os poemas, no sentido estrito do termo, são minoritários e, paradoxalmente (ou talvez por isso mesmo), acabam ganhando destaque: em *A vaca e o hipogrifo* perfazem 42 incidências num universo de 228 textos, sem contar algumas poucas configurações híbridas, que mesclam verso e prosa.

Plural em técnicas de composição e montagem, a poesia de Quintana também o é no espectro temático, embora, como todo autor, também ele cultive seu jardim de obsessões. Nele cabem a infância e o reino animal, acolhido inclusive em representações descartadas pela tradição lírica – leia-se "Parcialidade": "A irmã lesma, a irmã barata, o irmão piolho/.../ por que também não os louvastes, ó amantíssimo São Francisco?" Cabe a metalinguagem, tanto na implicância contra os poetas concretistas, quanto no elogio à potência indomada da força criadora – sem, contudo, renegar a importância da carpintaria verbal: "Não, não existe geração espontânea."

Para ele, tudo é arbitrário, descontínuo e incompleto, e compete ao poeta desdobrar, em vez de corrigir, o espetáculo inconcluso do mundo. Costuma-se associar Quintana à linhagem neorromântica da poesia, em decorrência de o escritor entender a arte como o território do mistério. Convém, todavia, atentar para sua noção particular de "mistério": não aquilo que transcende, mas, ao contrário, tudo que, embora inexplicável, só se traduz em matéria terrena, conforme afirma, incisivo: "Mas um belo poema – já não será a Outra Vida?"

Humor e leveza desdramatizam as grandes questões da humanidade. Assim, em "Libertação", aprendemos que a morte não é passaporte para o Além, mas apenas um bom pretexto para, afinal, nos deitarmos sem ter de tirar os sapatos. Se os anjos povoam o imaginário do autor, não o fazem para fins redentores, fazem-no para eles próprios incidirem no pecado, por meio da inestimável colaboração de Quintana: "Os livros de poemas são os livros pornográficos dos anjos." São eles, os anjos, que ingressam no humano, ao invés de nos guiarem ao angélico.

Se tudo está no mundo, tudo poderia estar *de outro modo* no mundo: é nessa desmontagem do dado empírico que se compraz a arte do poeta. São frequentes as transfigurações de um objeto em outro, por meio de um olhar essencialmente desfuncionalizador. O poeta confessa, em "Pausa", sua "necessidade da recriação das coisas em imagens, para terem mais vida": óculos virados sobre a mesa logo se assemelham a um "ciclista tombado". Noutro passo ("Suspense"), aranhas pendidas do teto são entrevistas como possíveis enfeites das "árvores de Natal do diabo" – sem falarmos, aqui, na deliciosa ironia de imaginar o diabo a festejar o natal.

A noção de estranheza – assimilada, porém, sem desconforto, e sim como fundamento de outra ordem possível – permeia sua obra. Nela, os textos tramam uma espécie de poética do relance, do fortuito. Mario Quintana vê para desconhecer, não para reconhecer o real. E, ao desconhecê-lo, passa a conhecê-lo pelo ângulo de um olhar ao mesmo tempo inaugural e solidário a um mundo em perpétua reinvenção.

A vaca e o hipogrifo

(1977)

A Mary Weiss com afeto e admiração é dedicado este livro
Porto Alegre, outubro de 77

5005618942

Não existe no mundo tanta gente como o número de ordem que me deram no cartão de identidade, que não vou te mostrar porque não poderias lê-lo antes de o ter dividido da direita para a esquerda em grupos de três, para depois o pronunciares cuidadosamente da esquerda para a direita. Sei que o mesmo acontece contigo, mas que te importa, que nos importa isso — antes que um dia nos identifiquem a ferro em brasa, como fazem os estancieiros com o seu gado amado?

Esse número, de quintilhões ou quatrilhões, não me lembro mais, me faz recordar que venho desde o princípio do mundo, lá do fundo das cavernas, depois de pintar nas suas paredes, com uma habilidade hoje perdida, aqueles animais que vejo nos álbuns, milagre de movimento e síntese. Agora sou analítico, expresso-me em símbolos abstratos e preciso da colaboração do leitor para que ele "veja" as minhas imagens escritas.

Olho em redor do bar em que escrevo estas linhas. Aquele homem ali no balcão, caninha após caninha, nem desconfia que se acha conosco desde o início das eras. Pensa que está somente afogando os problemas dele, João Silva... Ele está é bebendo a milenar inquietação do mundo!

As covas

O bicho,
quando quer fugir dos outros,
faz um buraco na terra.

O homem,
para fugir de si,
fez um buraco no céu.

Imperceptivelmente

Agora toda essa preocupação com o ano 2000! Só pode ser a velha mania ou superstição da conta redonda.

Se vocês estão bem lembrados, ao aproximar-se o Ano Mil já se pensava que era o FIM DO MUNDO. Assim mesmo, com todas as letras maiúsculas. Tanto que, para adiantar serviço, muitos se mataram antes. Como exemplo, eis um ponto em que hoje todos estão concordes: o famoso Século XIX só foi terminar em 1914. E parece que o danado só começou depois da batalha de Waterloo...

Pois não é que uma dessas entrevistadoras veio indagar de mim um dia destes se estávamos no fim de uma Era?!

Não sou nenhum Nostradamus, de modo que vaticinei — menos obscuramente que este — que nunca se saberá, nunca se notará, nunca se verá o fim de coisa nenhuma.

E isto simplesmente porque a vida é contínua. Não uma projeção imóvel de slides, mas o desenrolar de um filme em câmara lenta.

E a transformação da face do mundo é como a transformação da cara da gente, que muda tanto durante toda a vida — mas que, dia a dia, de ontem para hoje, de hoje para amanhã, sempre nos parece a mesma cara no espelho:

Deixemos, pois, o Ano Dois Mil chegar imperceptivelmente como um ano qualquer.

Ah! Essas precauções...

Para desespero de seus parentes, o velho rei Mitridates, como todo mundo sabe, conseguiu tornar-se imune a todos os venenos... até que um bom tijolaço na cabeça liquidou o assunto.

Restaurante

I
A lagosta tem a cor, o frescor, o sabor das antigas moringas de barro.

II
... e essa tentação de roçar na face a pele perfumada do pêssego, como se ele fosse uma pêssega...

III
O café é tão grave, tão exclusivista, tão definitivo que não admite acompanhamento sólido. Mas eu o driblo, saboreando, junto com ele, o cheiro das torradas na manteiga que alguém pediu na mesa próxima.

IV
(As precedentes notas de sinestesia são do tempo em que havia restaurantes — onde havia lagostas — e não esses balcões de hoje em que o freguês massificado e apressado, ao servir-se de um frango, parece que o está devorando no próprio poleiro.)

Linguagem

Não sei que crítico notou que os grandes humoristas escrevem clássico. Um exemplo, entre nós: o velho Machado de Assis.

Mas não será isso porque os autores clássicos adquirem, forçosamente, com o tempo, um toque de humor? Um toque que decerto não era deles e que reside para nós, seus pósteros, no tom cada vez mais arcaico da sua linguagem.

Nem deve ser por outro motivo que às vezes se ouve, na voz tempestuosa dos Profetas, mercê das antigas traduções da Bíblia, certa nota de humor.

Mas não se iludam. Nosso Senhor não tem o mínimo *sense of humour*. Nosso Senhor leva tudo a sério. Com Ele não há fugir. Com Ele não há a escapatória do *sorriso*, essa arma predileta do Demônio, isto é, aquele que é também chamado o Espírito da Dúvida.

Evolução

Antes, quase todo mundo passava a vida em salas de espera. Mas, agora, em vez daquele abafamento, é nestas longas filas de espera, ao ar livre, em plena rua.

Trecho de carta

Se nunca nasceste de ti mesmo, dolorosamente, na concepção de um poema... estás enganado: para os poetas não existe parto sem dor.

Recato

Um morto volta sempre para a primeira reunião familiar. E sorri, entre aliviado e agradecido, quando descobre que estão falando noutras coisas.

Paraísos

As religiões cresceram entre os humildes porque aqueles que estavam por cima já se julgavam no paraíso.

De leve

Será que uma verdadeira sociedade precisa mesmo de cronista social?

Conto familiar

Era um velho que estava na família há noventa e nove anos, há mais tempo que os velhos móveis, há mais tempo até que o velho relógio de pêndulo. Por isso estava ele farto dela, e não o contrário, como poderiam supor. A família o apresentava aos forasteiros, com insopitado orgulho: "Olhem! vocês estão vendo como 'nós' duramos?!"

Caduco? Qual nada! Tinha lá as suas ideias. Tanto que, numa dessas grandes comemorações domésticas, o pobre velho envenenou o barril de chope.

No entanto, como era obviamente impraticável — a não ser em novelas policiais — deitar veneno nas bebidas engarrafadas, apenas sobreviveram os inveterados bebedores de coca-cola.

— Mas como é possível — lamentava-se agora tardiamente o pobre velho —, como é possível passar o resto da vida com esses? Com gente assim? Porque a coca-cola não é verdadeiramente uma bebida — concluiu ele —, a coca-cola é um estado de espírito...

E, assim pensando, o sábio ancião se envenenou também.

A verdade da ficção

São Jorge, o cavalo, o dragão... eu sempre fui, já não digo um devoto, mas um fã dos três. São Jorge, eu soube, foi cassado. E verdade que andava metido em tudo o que era religião... Mas que culpa tinha ele de ser bonito e ecumênico? Porém, ao passo que São Jorge era dessantificado, ressuscitava-se o Diabo, retirando-o do domínio do folclore a que o relegara o povo. Mas e o dragão? O dragão não representava o mal, isto é, o Diabo? Alega-se que São Jorge nunca existiu. Ora, naquela imagem que, de tanto a vermos desde a infância, fazia parte da nossa sensibilidade, o dragão era também uma figura simbólica. Porém existe... Naquela bela imagem, pois, resta-nos agora o cavalo e o dragão. Luta desigual. Foi-se o cavaleiro andante do Bem.

E como que nos ficou faltando um estímulo, um exemplo, uma esperança.

O que nos faz lembrar aquele Outro cavaleiro andante, Dom Quixote — outro símbolo. Que nunca existiu, é claro. Mas como vive!

Poder de síntese

Um dia, Madame de Sevigné sentenciou: "O café passará, como Racine." Ah, que poder de síntese, minha cara Madame! Como foi que a senhora conseguiu dizer duas barbaridades numa única frase?

Poder de síntese, esse o tinha, de fato, Racine, quando, para darmos apenas um exemplo, conseguiu expressar a paixão, a crueldade, a complexidade do caráter de Nero num só verso de doze sílabas: "J'aimais jusqu'à ses pleurs, que je faisais couler!" (Eu amava até as suas lágrimas, que eu fazia correrem!)

Sim, porque o verdadeiro sádico ama verdadeiramente a quem faz sofrer. Que o digam esses pretensos casais desunidos, que jamais conseguem separar-se. Só os sádicos? — pergunto eu. Recordemos aquelas palavras de Oscar Wilde, na *Balada do cárcere*: "A gente sempre mata aquilo que ama; os fortes com um punhal, os covardes com um sorriso."

Aliás, o Nero do alexandrino raciniano já tinha decretado a morte da sua amada, cujas lágrimas agora tanto o enterneciam.

Haverá os santos do inferno? Nero deverá ter sido um deles...

Porque na verdade é idêntico o nosso pasmo, quase incrédulo, tanto ante a vida de Nero como ante a vida de São Francisco de Assis. Porque os extremos sempre se tocaram. Porque os Santos — no seu prodigioso arrebatamento — são uma espécie de celerados do Bem.

História urbana

Dona Glorinha lê o convite de enterro de João, cujo sobrenome não declaro aqui, para evitar essas divertidas e constrangedoras explicações e declarações de nome igual, mera coincidência etc. Dona Glorinha conhecera João "no seu tempo" de ambos e depois nunca mais o tinha visto — pois constitui um dos mistérios labirínticos das cidades grandes isso de conhecidos e namorados se perderem definitivamente de vista. Dona Glorinha, pensando isto mesmo com outras palavras, vai ao velório de João, encaminha-se direto a ele, ergue-lhe o lenço da face, exclama: "Mas como ele está bem conservado!"

Apresentações etc.

Das novelas que tenho lido, geralmente achei que deviam ter começado vinte páginas depois e terminar vinte páginas antes. O resto não passa de apresentações e despedidas. A vida não é de tais cerimônias: seus enredos começam no meio do baile. Kafka, por exemplo, logo à primeira frase da *Metamorfose*, dá um susto ao leitor. E, das minhas remotas leituras de colégio, me lembro, ainda agora, de Cecília e Peri sumindo no horizonte...

Por isso na sua maioria os contos de Maupassant, e principalmente os do festejado O. Henry, em vez de terem um desenlace, o que eles tinham era uma laçadinha, cuidadosamente feita, como nesses presentes de aniversário.

Noturno XVII

Nem tudo está
mudado:
durante o sono
o passado
em cada esquina põe um daqueles antigos lampiões.

E os autos, minha filha, esses ainda nem foram inventados...
Só essa velha carruagem rodando, rodando
sobre as pedras irregulares do calçamento.
Essa velha carruagem que passa, noite alta, pelas ruas...

E ao fundo do teu sono há uma lamparina acesa
— das que outrora havia ao pé de alguma imagem.
Ela arde sem saber como a parede é nua.

Mas
há um cigarro que se esfez em cinza à tua
cabeceira — sem simbolismo algum — um toco
de cigarro apenas...

Homo insapiens

    Vocês se lembram de quando a gente se perdia no campo e soltava a rédea ao cavalo e ele voltava direitinho para casa? Pois até hoje, quando não me lembro de onde guardei uma coisa, desisto de quebrar a cabeça, afrouxo o espírito e eis que ele conduz meu passo e minha mão sonâmbula ao lugar exato. Quanto a saber qual dos dois, espírito e corpo, é o cavaleiro e o cavalo, é questão acadêmica. Só sei que isso não me acontece agora na vastidão do campo, mas dentro de uma casa, de uma sala, de um móvel...

No meio da rua, não

— Mas por que você não deita as suas ideias por escrito? — digo-lhe. Ele entrepara, não sabe se ofendido ou lisonjeado. Explico-lhe:

— É que, por escrito, a gente pode ler em casa com todo o tempo...

Lazer

Um bom lazer, mesmo, é não assistir a esses cursos sobre lazer.

Andanças e erranças

O que os santos têm de mais sagrado são os pés. Por isso os antigos fiéis lhos beijavam. Pois os santos estáticos, esses que jamais andaram errando pelo mundo, os próprios anjos desconfiavam deles...

Hamlet e Yorick

Uma das anedotas mais divertidas que ouvi foi num velório; tive até de sair da sala para poder desabafar.

Não a conto a vocês agora porque perdeu a graça ou não tinha nenhuma. A causa deveria ser a solenidade proibitiva da ocasião. E não me falem no tal de riso nervoso — coisa que só se vê nos maus filmes.

Quanto às solenidades persuasivas, fins de ano, carnavais etc., sou atacado de cara de pau, uma seriedade de matar de inveja o Buster Keaton, se ele já não estivesse compenetradamente morto.

O fato é que, se acaso eu fosse ator e me visse enredado, ao representar Hamlet, naqueles seus dramas tremendos, não me apresentaria de preto, como o obrigam os diretores de cena, mas sim com as vestes coloridas e os guizos do seu amado bufão Yorick.

Ah! tudo isso porque tudo comporta o seu contrário; e a nossa alma, por mais que esteja envolvida nas coisas deste mundo nunca deixa de estar do outro lado das coisas...

Haikai

Em meio da ossaria
Uma caveira piscava-me...
Havia um vaga-lume dentro dela.

Branca

Ela era quase incolor: branca, branca,
de um branco que não se usa mais...
Mas tinha a alma furta-cor!

História quase mágica

O Idiota da Aldeia gostava de coisas brilhantes.
Mas nos respondia: éramos apenas gentes...
Mas uma noite o surpreendi falando longamente a um trinco
[de porta
redondo, luzente de luar.
Só vos digo,
ao que me parece,
que o brilho do metal ora abrandava, ora fulgia mais
como se por instantes ouvisse e depois respondesse.
Só vos digo que, nestes ocultos assuntos, nada se pode dizer...

Intenções

Os que andam com segundas intenções não conseguem enganar ninguém. Está na cara... O perigo mesmo — porque é invisível — está nos que têm terceiras intenções.

Verbete

Autodidata. — Ignorante por conta própria.

Poema entredormido ao pé da lareira

O anjo depenado tremia de frio
mas veio o Conde Drácula e emprestou-lhe a sua capa negra.
Na litografia da parede
Helena a bela grega
mantém sua pose olímpica... Desloca-se um tição:
uma chama
começa a lamber como um gato minha perna de pau.

Outro princípio de incêndio

... a tua cabeleira feita de chamas negras...

Relax

Aquele monstro que se chamou Champollion descansava de seus estudos de egiptologia escrevendo uma gramática chinesa.

Porém, nós outros, os (relativamente) normais, que havemos de fazer?

Palavras cruzadas?

No entanto, o perigo das palavras cruzadas é nos inocularem às vezes, para todo o sempre, os mais estapafúrdios conhecimentos. Por exemplo, há duas semanas sou sabedor de que "rajaputro" significa "nobre do Hindostão, dedicado à milícia". Espero, o quanto antes, esquecer tal barbaridade.

O problema é substituir as preocupações pela ocupação.

Quanto ao exercício da poesia, nem falar! Qualquer poeta sabe como dói, como é preciso virar a alma pelo avesso para fazer um verdadeiro poema — salvo se você for um poeta concretista, porque, na verdade, não há nada mais abstrato.

Pois bem, falando em coisas sérias, o problema, seu poeta, é ocupar o espírito sem ao mesmo tempo estraçalhá-lo.

E problemas assim — puros problemas — só mesmo os problemas matemáticos. Já o velho Pinel recomendava o estudo das Ciências Exatas como preservativo dos distúrbios mentais.

A Matemática é o pensamento sem dor.

Mas infelizmente sucede que a Matemática ainda é pior do que chinês para nós, que, nesta altura da vida, só não esquecemos as quatro operações e, quando muito, a regra de três e também a teoria dos arranjos, permutações e combinações — tão úteis no jogo do bicho.

Que resta, então?

Oh! como é que eu não me lembrei disso antes?! Resta-nos um passatempo esquecido: o proveitoso, o delicioso vício da leitura.

De como não ler um poema

Há tempos me perguntaram umas menininhas numa dessas pesquisas, quantos diminutivos eu empregara no meu livro *A rua dos cata-ventos*. Espantadíssimo, disse-lhes que não sabia. Nem tentaria saber, porque poderiam escapar-me alguns na contagem. Que essas estatísticas, aliás, só poderiam ser feitas eficientemente com o auxílio de robôs. Não sei se as menininhas sabiam ao certo o que era um robô. Mas a professora delas, que mandara fazer as perguntas, devia ser um deles.

E mal sabia eu, então, que estava dando um testemunho sobre o estruturalismo — o qual só depois vim a conhecer pelos seus produtos em jornais e revistas. Mas continuo achando que um poema (um verdadeiro poema, quero dizer), sendo algo dramaticamente emocional, não deveria ser entregue à consideração de robôs, que, como todos sabem, são inumanos.

Um robô, quando muito, poderá fazer uma meticulosa autópsia — caso fosse possível autopsiar uma coisa tão viva como é a poesia.

Em todo caso, os estruturalistas não deixam de ter o seu quê de humano...

Nas suas pacientes, afanosas, exaustivas furungações, são exatamente como certas crianças que acabam estripando um boneco para ver onde está a musiquinha.

Serenidade

As caretas do Charlton Heston — pelo menos a mim — não dizem nada, mas até hoje, passados tantos anos, impressiona-me a cara de pau de Buster Keaton. Quem havia de dizer que o primeiro lembra mais o seu antepassado simiesco e o segundo uma estátua grega? Essa misteriosa serenidade que há por detrás de toda verdadeira arte é que nos faz curtir os clímax mais trágicos. E, quando conseguimos transportá-la a nós, é ela que nos faz aceitar este mundo tal como ele é.

Os elefantes

— Os elefantes deveriam ser assinzinhos — diz Lili. Tomo nota, não pela ideia, que já deve ter ocorrido utilitariamente a muitos, mas pelo "assinzinhos".

E, na falta de um elefante doméstico, peço a ela que me traga um copo d'água.

Só os novelistas ianques e os seus personagens é que tomam uísque a cada página. Mas, por outro lado, não têm quem lhos traga. Eles próprios se servem.

Compensação

E, quando o trem passa por esses ranchinhos à beira da estrada, a gente pensa que é ali que mora a felicidade...

As Três Marias

As únicas estrelas que eu conheço no céu são as Três Marias. Três Marias é um apelido de família... O nome delas é outro, sabem como é a coisa: um desses nomes roubados a mitologias ultrapassadas, com que costumam exorcizar as estrelas. Uns nomes que já nasceram póstumos...

Só o que eles sabem é enumerar, mapear, coisas assim — trabalho apenas digno de robôs.

Olhem, Marias, acheguem-se, escutem: — Vocês foram ca-talogadas. Ouviram bem? Ca-ta-lo-ga-das! O consolo é o povo, que ainda diz ignorantemente: "Olha lá as Três Marias!"

Gramática da felicidade

Vivemos conjugando o tempo passado (saudade, para os românticos) e o tempo futuro (esperança, para os idealistas). Uma gangorra, como vês, cheia de altos e baixos — uma gangorra emocional. Isto acaba fundindo a cuca de poetas e sábios e maluquecendo de vez o *Homo sapiens*. Mais felizes os animais, que, na sua gramática imediata, apenas lhes sobra um tempo: o presente do indicativo. E que nem dá tempo para suspiros...

Da verdadeira possessão diabólica

Ele não é propriamente o Espírito do Mal. O mal, tu bem sabes que já tem sido praticado, ao correr da História, com os mais sagrados desígnios. E o que assinala e caracteriza os servos do Diabo, neste nosso inquieto mundo, não é especificamente a maldade: é a indiferença.

A chave

Os nunca assaz finados parnasianos tinham, antes de mais nada, a chave de ouro. Como o resto do soneto era tapado como uma porta — por que não mostravam apenas o raio da chave? Não estou brincando. Pois nos meus tempos de ginasiano eu também fabriquei a minha chavezinha de ouro:

"... de uns verdes buritis a cismadora tribo".

Confesso que não consegui colocar nada antes deste verso. Hoje acho que não seria preciso, que ali já estava todo um poema...

Em todo caso, cedo em cartório a chave aos últimos sonetistas alexandrinos, a quem muito venero, pois no caos de hoje em dia eles têm consciência de que, para fazer um poema, é preciso trabalhar como um escravo. Com a única recompensa do trabalho feito. Vamos, minha gente? Faltam apenas treze versos.

Anotação para um poema

As mãos que dizem adeus são pássaros
Que vão morrendo lentamente

Confessional

Eu fui um menino por trás de uma vidraça — um menino de aquário.

Via o mundo passar como numa tela cinematográfica, mas que repetia sempre as mesmas cenas, as mesmas personagens.

Tudo tão chato que o desenrolar da rua acabava me parecendo apenas em preto e branco, como nos filmes daquele tempo.

O colorido todo se refugiava, então, nas ilustrações dos meus livros de histórias, com seus reis hieráticos e belos como os das cartas de jogar.

E suas filhas nas torres altas — inacessíveis princesas.

Com seus cavalos — uns verdadeiros príncipes na elegância e na riqueza dos jaezes.

Seus bravos pajens (eu queria ser um deles...)

Porém, sobrevivi...

E aqui, do lado de fora, neste mundo em que vivo, como tudo é diferente! Tudo, ó menino do aquário, é muito diferente do teu sonho...

(Só os cavalos conservam a natural nobreza.)

Os hóspedes

Um velho casarão bem-assombrado
aquele que habitei ultimamente.
Não,
não tinha disso de arrastar correntes
ou espelhos de súbito partidos.

Mas a linda visão evanescente
dessas moças do século passado
as escadas descendo lentamente...

ou, às vezes, nos cantos mais escuros,
velhinhas procurando os seus guardados
no fundo de uns baús inexistentes...

E eu, fingindo que não via nada.

Mas para que, amigos, tais cuidados?
Agora
foi demolida a nossa velha casa!

(Em que mundo marcaremos novo encontro?)

Urbanística

Essas vilas de arrabalde com os seus jardins bem arrumados, bonitinhos, comportadinhos... Mas por que não a liberdade de um matagal selvagem? Por que não deixam ao menos a natureza ser natural?

Bilo-bilo

O idiota estilo bilo-bilo com que os adultos se dirigem às crianças, isso deve chateá-las enormemente, como a um poeta quando abordado com assuntos "poéticos".

Suspense

Depois que o orador oficial deu conta do seu discurso, há um momento de atroz suspense. É quando o presidente da mesa, como quem não quer nada, ergue-se e diz, sadicamente: Se alguém mais quiser fazer uso da palavra...

Do estilo

Se alguém acha que estás escrevendo muito bem, desconfia...
O crime perfeito não deixa vestígios.

A leitura interrompida

A nossa vida nunca chega ao fim. Isto é, nunca termina no fim.

É como se alguém estivesse lendo um romance e achasse o enredo enfadonho e, interrompendo, com um bocejo, a leitura, fechasse o livro e o guardasse na estante. E deixasse o herói, os comparsas, as ações, os gestos, tudo ali esperando, esperando...

Como naquele jogo a que chamavam brincar de estátua.

Como num filme que parou de súbito.

Dos rituais

No primeiro contato com os selvagens, que medo nos dá de infringir os rituais, de violar um tabu! É todo um meticuloso cerimonial, cuja infração eles não nos perdoam.

Eu estava falando nos selvagens? Mas com os civilizados é o mesmo. Ou pior até.

Quando você estiver metido entre grã-finos, é preciso ter muito, muito cuidado: eles são tão primitivos...

Intérpretes

Mas, afinal, para que interpretar um poema? Um poema já é uma interpretação.

Ficção

Tudo quanto se diz no teatro ou no romance tem a sua significação e consequência, o seu lugar, o seu propósito.

Na vida, porém, se diz cada coisa, sai-se com cada uma, seu moço... e tudo fica por isso mesmo.

Parece que só na vida é que há ficção.

Carrossel

A coisa mais impressionante que existe são os olhos dos cavalos de carrossel, olhos que parecem estar gritando "avante!" — enquanto eles, nos altibaixos do galope, jamais podem sair do mesmo círculo.

Deviam ser assim, igualmente estranhos, os olhos dos primeiros poetas que apareceram entre os homens porque olhavam através deles e para além deles. Já ouvi dizer que as tribos primitivas vazavam os olhos dos poetas... Também deviam ser assim os olhos dos Profetas porque a sua luz não era deste mundo. E aos homens assustava-os a beleza e a verdade.

Ah, meus pobres cavalinhos de pau que acabo de encontrar parados no parque deserto... será que fiz um comício? Não há de ser nada... Em todo caso, do modo como falei, dir-se-ia que a beleza e a verdade são as duas faces da mesma moeda. Nada disso: elas são a mesma moeda. Tanto assim que, quando o sábio joga cara ou coroa, encontra a beleza e, quando o poeta joga cara ou coroa, encontra a verdade.

Da conversação

Se, como visitante, estiveres metendo a ronca em alguém e te lembrares de súbito de que a vítima é parente da família, tanto melhor, meu caro! Eles adorarão a coisa...

Opção

É preferível o oratório à oratória: pelo menos assim não incomodarás o próximo.

História natural

O homem é um bicho que arreganha os dentes sem necessidade, isto é, quando nos sorri.

Uns e outros

Esses cachorros da rua, que nós aqui chamamos guaipecas e cujo *pedigree* é do mais puro *pot-pourri*, capaz de enlouquecer qualquer genealogista canino — vocês já repararam como são alegres, espertos, afetuosos? Só os de pura raça são graves e creio que tristes como os faraós egípcios, os chefes incaicos, os príncipes astecas.

Loteria

A loteria — ou o jogo do bicho, seu filho natural — jamais engana. Porque a gente não compra bilhete: compra esperança.

2005

Com a decadência da arte da leitura, daqui a trinta anos os nossos romancistas serão reeditados exclusivamente em histórias de quadrinhos...

A grande consolação é que jamais poderão fazer uma coisa dessas com os poetas.

A poesia é irredutível.

Horas

"Faz horas que não te vejo", diz o povo, o qual às vezes acerta nos palpites da sua gíria.

Pois é consabido que as horas são mais longas que os dias, os dias mais longos que os anos, os anos mais longos que a vida; porque custaram mais a passar do que esta.

E devem vocês estar lembrados como ríamos daqueles folhetins românticos, quando se lia lá pelas tantas menos um quarto:

"A mísera duquesa passou minutos que pareciam séculos!"

Ríamos de bobos.

Dos costumeiros achaques

A coisa mais melancólica deste e do outro mundo é um cachorro sem pulgas.

Liberdade condicional

Poderás ir até a esquina
comprar cigarros e voltar
ou mudar-te para a China
— só não podes sair de onde tu estás.

Libertação

A morte é a libertação total:
a morte é quando a gente pode, afinal,
estar deitado de sapatos...

A vida

Mas se a vida é tão curta como dizes
por que é que me estás lendo até agora?

Conto de todas as cores

Eu já escrevi um conto azul, vários até. Mas este é um conto de todas as cores. Porque era uma vez um menino azul, uma menina verde, um negrinho dourado e um cachorro com todos os tons e entretons do arco-íris.

Até que apareceu uma Comissão de Doutores, os quais, por mais que esfregassem os nossos quatro amigos, viram que não adiantava.

E perguntaram se aquilo era de nascença ou se...

— Mas nós não nascemos — interrompeu o cachorro. — Nós fomos inventados!

Elegia

Gabriela escutava-me com um ar de cachorrinho Victor...

De repente,

Olho em torno: desapareceu Gabriela.

Só é o mesmo disco.

Verão

A tarde é uma tartaruga com o casco pardacento de poeira, a arrastar-se interminavelmente. Os ponteiros estão esperando por ela. Eu só queria saber quem foi que disse que a vida é curta...

Incomunicabilidade

Querer que qualquer um seja sensível ao nosso mundo íntimo é o mesmo que estar sentindo um zumbido no ouvido e pensar que o nosso vizinho de ônibus o possa escutar.

Madrigal

Ponhamos as coisas no devido lugar. Eu não faço versos a ti: eu faço versos de ti...

Os excitantes e a saturação

    Antes era a ponta do pé, nos primeiros tempos do romantismo; depois, os braços, de que o velho Machado não tirava os olhos. Agora, que está tudo à mostra, ninguém nota. O mesmo se dá com a literatura, onde tudo se nomeia e nada se diz. E, como a imaginação é que excita e, faltando ela, tudo falta, veio o pulo, o barulho, o berro, para substituir a dança, a música, o canto. Em todo caso, é de esperar que não se esteja regredindo. Apenas uma pausa. Talvez uma necessária sonoterapia na arte de sentir e de expressar-se.

O confidente sumido

Quando um amigo morre, uma coisa não lhe perdoamos: como nos deixou assim sem mais nem menos, assim no ar, em meio de algo que lhe queríamos dizer ou — pior ainda — em meio do silêncio a dois no bar costumeiro? Que outros hábitos, que outras relações terá ele arranjado? Que novas aventuras ou desventuras de que não nos conta nada?

A nós, que sempre fomos tão bons confidentes...

Que poderemos fazer?

Mas, na verdade, os vivos e os mortos sempre tivemos uma coisa em comum: não acreditamos muito uns nos outros...

Bilhete a Heráclito

Tudo deu certo, meu velho Heráclito,
porque eu sempre consigo
atravessar esse teu outro rio
com o meu eu eternamente outro...

Surpresas

No outro dia tive uma surpresa enorme: estava lendo uma novela policial e o criminoso era o mordomo! Fazia já uns quarenta anos que não acontecia uma coisa assim. De modo que, até a última página, eu não tinha desconfiado de nada e admirava-me da habilidade despistativa do autor. Eis como um lugar-comum, quando volta, ninguém o reconhece, de tão novo que está! Quem foi que disse que tempo envelhece? O tempo é uma espécie de dr. Pitanguy. Que o diga, na tela e no palco, essa atual onda de nostalgia — que está agora rejuvenescendo principalmente os jovens.

Agora e sempre

Há quatro estações sucessivas, literal e figuradamente falando: a primavera, o verão, o outono, o inverno, e desconfio que não acabo de descobrir nenhuma novidade. Mas há também uma quinta estação e há pessoas que nela passam a vida: Cecília, Apollinaire, os dois Federicos — o Lorca e o Fellini. Eu e você? Algumas vezes, suponho. É em geral o que acontece na vida dos que começam a tentar expressar-se no secreto esperanto da poesia. "Você está agora num bom clima", disse-me Augusto Meyer quando o conheci. Agora! Note-se o advérbio condicional de tempo...

Ah, o bom gosto

O bom gosto, outrora tão celebrado, é uma espécie de boas maneiras do espírito. E já isso bastava para o suspeitarmos de afetação, de coisa adquirida — uma segunda natureza, em suma.

A propósito, Jules Renard acusava a Condessa de Noailles de abundância de gênio e escassez de talento. O talento, acrescentava ele, é o gênio retificado (sic).

No entanto, logo depois exclama: "Ah! as belas coisas que a gente escreveria se não tivesse bom gosto!"

E contudo apressa-se a ponderar: "Mas o bom gosto, afinal, é toda a literatura francesa."

Que pena, meu velho Jules!

Mas, felizmente para a literatura francesa, não é bem assim... O senhor escrevia isso no seu *journal* no dia 19 de outubro de 1904 — quando Guillaume Apollinaire já vinha compondo os versos dos seus *Alcools*, que iriam renovar a poesia da França e, consequentemente, daquele nosso mundo de cultura mediterrânea. Quando os versículos de Paul Claudel, à melhor maneira dos profetas bíblicos, já iam inundando torrencialmente os palcos de Paris. E tanto Claudel como Apollinaire desdenhavam retificar seu gênio poético. O seu segredo estava na liberdade de voo.

Ora, voltando à minha querida Madame de Noailles, permita-me lembrar-lhe que ela conseguiu, num verdadeiro milagre de síntese e como nenhum poeta clássico, legar-nos talvez o mais belo e pungente verso da língua francesa:

"Rien qu'en vivant tu t'en vas"

Um verso que, como alguns tradutores já devem ter experimentado, resiste — na sua pureza irredutível — a qualquer tentativa de violação.

Viagens no tempo

Os Reis Magos voltaram a seus remotos países. Mas todos os anos voltam para ver a Estrela como numa história que alguém conta de novo e sempre...

Mas ninguém mais viu em parte alguma a Estrela (nem eles).

Não adiantam satélites, radares, hipertelescópios: não há nada no Céu e — na Terra — está mudado o mapa...

Mas os Reis Magos querem ver a Estrela!

— Ora, é só deixares que passe esta noite mágica e eles regressam...

— Mas como vão saber, os pobres, onde é que ficam seus países de lenda?

Lições da história

Um mercado de escravas no Oriente, uma festa de debutantes, um cristão estraçalhado pelas feras, um animal sacrificado meticulosamente em pleno circo por um cristão.

Vida social

O gato é o único que sabe manter-se com indiferença num salão. As outras indiferenças são afetadas.

O mago e os apedeutas

"Não! com certeza deve haver um truque!"
E ei-los que invadem, num charivari,
o meu Castelo
(que se fez por si)
só para ver se não será de estuque...
e
— um esfrega daqui, sopra outro dali —
o "material" é todo devassado:
o olho — por trás do *pince-nez* rachado —
rebrilha, frio como um bisturi.
Para livrar-me deles, nem morrendo!
Serão só uns ingênuos, os sujeitos?
Não sei...
Mas em silêncio vou descendo
ao mais profundo dos porões do Sonho
E entre as retortas mágicas me encanto
a cultivar, sutil, os meus Defeitos.

A rua do poeta

Há uma rua em Paris, uma pequena rua, mas importante porque no Centro, uma rua de uma quadra só, a que deram o nome do poeta Guillaume Apollinaire. Nessa ficam os fundos de dois edifícios públicos que só têm entrada pela frente e nenhuma porta no lado oposto. Nenhum endereço. Resultado: é uma rua que existe e não existe. Que está e não está. O que deve divertir e ao mesmo tempo deixar encantado o autor da *Chanson du mal-aimé*.

Porque o reino do poeta... bem, não me venham dizer que não é deste mundo. Este e o outro mundo, o poeta não os delimita: unifica-os. O reino do poeta é uma espécie de Reino Unido do Céu e da Terra.

E começo a desconfiar que foi por isso mesmo que um dia anotei numa de minhas canções:

"O céu estava na rua?

A rua estava no céu?"

O que em verdade não deixa de ser uma interrogação afirmativa. E que terminava positivamente assim:

"Mas o olhar mais azul

foi só ela quem me deu!"

Esta peça, escrevi-a em princípios da década de 40, e foi quando li a notícia referente à rua do poeta. Assim, me perdoem se não consigo citar comprovadamente a data e a fonte. Aliás, em matéria de poesia — que importam datas? O que importa é que, com aquele batismo para uma rua assim, foi de fato um poema, um comovente poema que a municipalidade de Paris fez sem querer.

A construção

Eles ergueram a Torre de Babel
para escalar o Céu.
Mas Deus não estava lá!
Estava ali mesmo, entre eles,
ajudando a construir a torre.

Clareiras

Se um autor faz você voltar atrás na leitura, seja de um período ou de uma simples frase, não o julgue profundo demais, não fique complexado: o inferior é ele.

A atual crise de expressão, que tanto vem alarmando a velha-guarda que morre mas não se entrega, não deve ser propriamente de expressão, mas de pensamento. Como é que pode escrever certo quem não sabe ao certo o que procura dizer?

Em meio à intrincada selva selvaggia de nossa literatura encontram-se às vezes, no entanto, repousantes clareiras. E clareira pertence à mesma família etimológica de clareza... Que o leitor me desculpe umas considerações tão óbvias. É que eu desejava agradecer, o quanto antes, o alerta repouso que me proporcionaram três livros que li na última semana: *Rio 1900*, de Brito Broca, *Fronteira*, de Moysés Vellinho, e *Alguns estudos*, de Carlos Dante de Moraes.

Porque, ao ler alguém que consegue expressar-se com toda a limpidez, nem sentimos que estamos lendo um livro: é como se o estivéssemos pensando.

E, como também estive a folhear o velho Pascal, na edição Globo, encontrei providencialmente em meu apoio estas suas palavras, à pág. 23 dos *Pensamentos*:

"Quando deparamos com o estilo natural, ficamos pasmados e encantados, como se esperássemos ver um autor e encontrássemos um homem."

A tentação e o anagrama

quem vê um fruto
pensa logo em furto

A guerra e o desespero

As guerras têm aparentemente o fim de destruir o inimigo. O que elas conseguem afinal é destruir parte da humanidade — quando esta é atingida da psicose do suicídio. Isso não quer dizer que cada uma das partes se suicide pessoalmente. Nada de covardias. Para salvar as aparências, cada uma delas suicida a outra. Seria ridículo atribuir qualquer ideia de expurgo à Natureza — com N maiúsculo. E, por outro lado, seria humor negro atribuí-lo a insondáveis desígnios da Divina Providência.

Deixemos as maiúsculas em paz. Agora, o último pretexto invocado é o das guerras ideológicas. Muito bonito! Mas quem foi que disse que se trata de ideias? Trata-se de convicções. As quais nada têm a ver com a lógica.

Eis um exemplo das convicções: eu sou gremista, tu és colorado. Ora, duvido que qualquer um de nós descubra alguma razão lógica para isso.

Agora, passando para um domínio mais amplo, universal, vamos procurar um exemplo das ideias.

....

Esta linha de pontinhos quer dizer que ainda estou procurando. Em todo caso, tenho de confessar que usar de ideias para examinar as guerras e guerrilhas é recorrer a um instrumento inadequado — assim como quem se servisse de um microscópio para distinguir um rinoceronte que já vem vindo a toda para cima da gente.

— E então, ó *Homo sapiens*, que vais fazer nesta situação desesperada?

— Ora, alistar-me... Toda opção é um ato de desespero.

Suspense

A aranha desce verticalmente por um fio
e fica
pendendo do teto — escuro candelabro:
devem ser feitas de aranhas, desconfio,
as árvores de Natal do diabo.

Libertação

... até que um dia, por astúcia ou acaso, depois de quase todos os enganos, ele descobriu a porta do Labirinto.

... Nada de ir tateando os muros como um cego.

Nada de muros.

Seus passos tinham — enfim! — a liberdade de traçar seus próprios labirintos.

Parêntesis

(Em meio ao turbilhão do mundo
O Poeta reza sem fé)

História contemporânea

Um dia os padres se desbatinaram
Disfarçando-se de gente.
E assim perderam até o respeitoso sorriso dos incréus.
Felizmente, os seus anjos da guarda conservaram ainda
As suas grandes asas
— Palpitantes, inquietas, frementes...

Romance sem palavras

Há vidas, longas vidas que deixam em nossa lembrança — não uma história mas um certo ar, um clima, uma presença apenas.

Oh! aquelas velhas tias provincianas...

Vidas de uma harmonia tão sutil, tão simples e tão lenta que nem se nota.

Como uma valsinha que alguém fosse tocando ao piano — espaçadamente — com um dedo só...

Degradação

Tenho uma enorme pena dos homens famosos, que por isso mesmo perderam sua vida íntima e são como esses animais do Zoológico, que fazem tudo à vista do público.

Paz

Essas cruzes toscas que a gente avista às vezes da janela do trem, na volta de uma estrada, são belas como árvores... Nada têm dessas admoestantes cruzes de cemitério, cheias de um religioso rancor.

As singelas cruzes da estrada não dizem coisa alguma: parecem apenas viandantes em sentido contrário.

E vão passando por nós — tão naturalmente — como nós passamos por elas.

Vovozinha

Morreu a nossa vovozinha Agatha. Tão ultrapassada... Morreu sem saber que as histórias de crimes que ela contava para nosso horror, no mundo inacreditável de hoje, eram histórias de fadas...

Fazer e sentir

O que há de inumano, quero dizer, não natural no teatro clássico é que cada palavra tem um significado e uma consequência no desenlace. Quando, por exemplo, desabafamos a respeito de alguém: "Tomara que morra!" — isso é apenas um alívio para a gente e para o supradito alguém, porque tudo continua como dantes. Mas, se a coisa se passa no palco, temos de matar ou mandar matar o outro — o que seria, na vida do lado de cá, uma grande estopada para ambas as partes.

Desconfio até que já disse num destes "agás" que a gente adoece é de nome feio recolhido. Desabafemos, pois, desabafemos...

Nem me digam que o teatro ou o cinema, que são no final a mesma coisa, desperta os nossos maus instintos. Pelo contrário, libera-os. Se você está com raiva de Fulano, basta encarná-lo no vilão do filme, até que "O mocinho" (você mesmo!) o deita abaixo com um soco definitivo e depois, ao encontrá-lo na rua, até o cumprimentará com um condescendente sorriso de piedade.

Em verdade, não estou sozinho no meu ponto de vista. Certa vez, numa clínica mental, ao examinar a sua biblioteca heteróclita (não propositadamente escolhida mas feita de livros doados), espantei-me do assunto de alguns que eu já conhecia e indaguei do médico que me acompanhava se acaso não teriam má influência no espírito dos internados.

E, ante a minha preocupação, ele respondeu-me com um sorriso:

— Não. Em vez de "fazerem", eles leem...

Semelhanças & diferenças

Deus criou o mundo "e viu que era bom". Desde então, nunca faltou um poeta que igualmente criou algo e também viu que era bom. Mas trata-se de poetas medíocres...

Não, não convém muita cautela

Quando nosso mestre Dom Quixote foi experimentar seu capacete, ao primeiro espadaço que lhe deu, amolgou-o; substituindo-o por outro, da mesma forma arrebentou-o; quanto ao terceiro, nada de provas: partiu com ele assim mesmo para as suas imortais andanças. Porque o verdadeiro heroísmo está na escassez dos recursos e não nos tremendos tanques de guerra, muito embora no tempo dele só houvesse poderosos gigantes disfarçados em moinhos de vento...

Aproximações

Todo poema é uma aproximação. A sua incompletude é que o aproxima da inquietação do leitor. Este não quer que lhe provem coisa alguma. Está farto de soluções. Eu, por mim, lhe aumentaria as interrogações. Vocês já repararam no olhar de uma criança quando interroga? A vida, a irrequieta inteligência que ele tem? Pois bem, você lhe dá uma resposta instantânea, definitiva, única — e verá pelos olhos dela que baixou vários risquinhos na sua consideração.

Nariz e narizes

O segredo da arte — e o segredo da vida — é seguir o seu próprio nariz.
Não deixes que outros lhe ponham argola.
Sim, é verdade que há narizes tortos, uns para a esquerda, outros para a direita... Não perca tempo, telefone ao Pitanguy.
Um verdadeiro nariz conduz para a frente.

A divina caçada

Parece que foi Gagarin, glorioso herói do espaço, que disse que não viu Deus nas alturas — ele que bem devia saber que não existe um "lá em cima" nem um "lá embaixo" — suposta moradia de Deus e do Diabo. Quando a gente era deste tamanhozinho, aí sim, Deus estava logo ali por detrás das estrelas, todas elas muito perto também. Depois nos aconteceu, com a sapiência adulta, essa infinita distância... Mas na verdade as crianças estavam mais próximas da verdade. Pois Deus não será a procura de Deus? Aquilo mesmo que, dentro de nós, o procura? Tanto assim que o próprio "herege" Renan, perguntando-lhe alguém se Deus existia, respondeu simplesmente:
— Ainda não.

Nostalgia

De vez em quando a velha memória tira uma coisa do seu baú de guardados. Hoje, esta canção de um carnaval antigo:

"O meu boi morreu!
Que será de mim?"

Até vai brotar um poema. Sim...

O meu boi morreu...
Quem me cortará agora as unhas da minha mão direita?!

Da serenidade

Nisto a que chamam vida de cachorro, pensamento e consciência embotam-se, de maneira que assim há menos dor. Ou acaba não havendo nenhuma.

É a serenidade, enfim — essa coisa que santos e filósofos procuram dificultosamente atingir por meio da elevação.

Degradação, elevação... que importará uma ou outra, meu pobre leitor, se o resultado é o mesmo?

Raízes

Quando colegial, como eu gostava do cheiro úmido das raízes dos vegetais! Porém, ao lado desse mundo natural, queriam fazer-me acreditar no mundo seco das raízes quadradas, que para mim tinham algo de incompreensíveis signos de linguagem marciana. Mas a tortura máxima eram as raízes cúbicas. Felizmente agora os robôs tomaram conta disso e de outras coisas parecidas com eles... Felizmente não mais existe o meu velho professor de matemática. Senão ele morreria aos poucos de raiva e frustração por se ver sobrepujado, por me ver continuando a fazer coisas aparentemente insólitas porque não constam de currículos e compêndios, porque agora, meu caro professor, agora o marciano sou eu mesmo.

Decadência da burguesia

Desapareceram os Carusos de banheiro...

Desapareceram os bustos de Napoleão das vitrinas dos briques...

E os vates indígenas esqueceram de uma vez por todas a palavra *spleen* — que os poetas ingleses quase nunca empregaram.

Álbum de N. F.

A mocidade, dizem que não cria ferrugem.
Mas e as tuas sardas, sereiazinha,
As tuas maravilhosas sardas?
Para a gente as beijar uma por uma...

Perversidade

Alguém me disse, com a voz embargada, que agora, sim, estava convencido da existência de Deus, porque os trabalhos psicografados de Humberto de Campos eram evidentemente dele mesmo.

— Mas isto não prova a existência de Deus... Prova apenas a existência de Humberto de Campos.

História real

A gente os amava e temia, a gente os adorava até, porque os Reis eram uns belos animais heráldicos.

Estilizados. Decorativos. Únicos.

Um dia, deu-lhes para usarem paletó... Como eu, como tu, como o José...

E foram-se acabando de um em um.

Boi do barulho

O boi que apareceu num meu poeminho alguns cadernos atrás — aquele que cortava as unhas da minha mão direita — causou protesto de leitor que, em carta, se disse ofendido por não o levar a sério (a ele, leitor) e chegou a afirmar que falava não só em seu nome como também em nome de meus outros fregueses de caderno.

Pois na verdade vos digo que não sei de nada mais sério nem de nada mais triste...

Porque esse boi é um pronome. Está em lugar de todo um mundo perdido, de tanta gente por aí sumida — inclusive (ó saudade!) a Gabriela, que passava os meus poemas a ferro... É bom parar por aqui. Senão acabo escrevendo outro poema aparentemente antilírico. O que é um disfarce para lá de inexplicável, hoje em dia, num romântico de sempre.

Um velho tema

Há mortos que não sabem que estão mortos — eis um velho tema desses relatos fantásticos ou fantasmais que a gente lê sem cansar nunca. Como se não houvesse coisas muito mais impressionantes em nosso próprio mundo! Uma história, por exemplo, que começasse assim: há vivos que não sabem que estão vivos...

Cecília

A atmosfera dos poemas de Cecília é a mesma que respiram as figuras de Botticelli. Tanto neste como naquela, há uma transfiguração das criaturas. E sentimos, ao vê-las, não a nostalgia de um passado edênico mas de um futuro que talvez um dia atingiremos. Serão corpos? Serão almas? Mas para que a discriminação? Recordem, ou melhor, transportem-se àquele verso de Raul de Leoni: "A alma, estado divino da matéria..."

Transcendência

Mas um belo poema — já não será a Outra Vida?

O menino e o milagre

O primeiro verso que um poeta faz é sempre o mais belo porque toda a poesia do mundo está em ser aquele o seu primeiro verso...

Do gigantismo

Olha o que aconteceu com os Grandes Impérios! Por eles se vê que a mania de grandeza é sempre fatal.

E espia só os iguanodontes, esses pesadelos ridículos...

Se fossem do tamanho de lagartixas, existiriam até hoje.

Parcialidade

A irmã lesma, a irmã barata, o irmão piolho, os irmãozinhos vermes que pululam nas chagas...

Mas por que também não os louvaste, ó amantíssimo São Francisco, no teu amável *Cântico das criaturas*?

Aug

Augusto Meyer, lá no Rio, para onde a vida o arrancara, como que vivia em Porto Alegre, relembrando amigos perdidos, horas perdidas...

Quando o fui visitar em 66, disse-me ele que lia até o boletim meteorológico do *Correio do Povo*.

E, comentando uma notícia que saíra neste jornal e naquela semana, sobre dois cavalos encontrados a vagar sozinhos pela madrugada em plena rua da Praia:

— Olha, seu poeta, eu acho que éramos o Théo e eu!

Poesia e emoção

O palavrão é a mais espontânea forma da poesia. Brota do fundo d'alma e maravilhosamente ritmada. Se isto indigna o leitor e ele solta sem querer uma daquelas, veja o belo verso que lhe saiu, com as características do próprio: ritmo e emoção — sem o que, meu caro senhor, não há poesia. Escute, não perca discussão de rua, especialmente entre comadres italianas, e se verá então em plena poesia dramática de empalidecer de inveja o maravilhoso e refinado Racine, mas não o bárbaro Shakespeare, igualmente maravilhoso, embora destrambelhado de boca.

Por isso é que não nos toca a poesia feita a frio, de fora para dentro, mas a que nos surge do coração como um grito, seja de amor, de dor, de ódio, espanto ou encantamento.

Pequeno esclarecimento

Os poetas não são azuis nem nada, como pensam alguns supersticiosos, nem sujeitos a ataques súbitos de levitação. O de que eles mais gostam é estar em silêncio — um silêncio que subjaz a quaisquer escapes motorísticos ou declamatórios. Um silêncio... Este impoluível silêncio em que escrevo e em que tu me lês.

"2001 — Uma odisseia no espaço"

O osso que, no famoso filme, um nosso ancestral macacoide lança em direção às estrelas parece, pelo visto, o embrião do desejo de as alcançar, no que se mostrava um pouco mais ambicioso que Von Braun, o qual, passados milhões de anos, apenas queria — e conseguiu — que fôssemos à Lua.

O gesto daquele bicho, perdão, daquele humanoide — vocês não acham que era demasiado "poético" para as suas condições e necessidades imediatas?

Se não vejamos. Viviam eles em tribos, não só acossadas pelas outras, como pelos demais viventes contemporâneos, verdadeiras feras que aliás continuaram feras, felizmente sem evoluir como nós e sem portanto adquirir a refinada fereza do *Homo sapiens*. Quem sabe lá o que não seria se nos tivéssemos de haver nos dias de hoje com um *Tiger sapiens*!

Acho que aquele macacão do filme apenas imaginou, ao jogar o osso para cima, a possibilidade de voar como as aves que via evoluírem no espaço. E, assim, ele e seus companheiros de tribo poderiam evitar as ciladas e ataques inimigos aos quais nem sempre conseguiam fugir em desigualdade de condições.

E, em nossas atuais e não melhores condições, quem sabe se a astronáutica — glória do século XX — não terá sido, em suas subconscientes origens, além da epopeia que estamos vivendo, a mais dispendiosa forma de escapismo...

De certa oratória

A oratória, quero dizer essa oratória bramidora e gesticulante ainda em uso em certas localidades — eu desconfio muito que seja uma forma literária da epilepsia.

Esse mal, em que o orador se descarrega, o que afinal acaba lhe fazendo bem, é sumamente indigesto para o homenageado quando se manifesta em um banquete.

O pobre coitado, muito antes que o Cícero indígena se erga para o ato, já tudo começa a sentar-lhe mal.

Porque, entre uma garfada e outra, em vez de digerir, ele se põe a ruminar o que dirá, o que responderá, como se sairá...

Saiu-se, e muito bem, em outras circunstâncias (conforme me contou há tempos um seu coestaduano) o sr. Agamenon Magalhães, numa excursão política pelo interior do Estado. Tendo o trem de fazer breve parada numa estação do percurso, eis que saca o prefeito o seu discurso, mas Agamenon lho arrebata das mãos:

— Eu leio depois! Eu leio depois, com mais vagar...

Aqui fica a receita, para quem tiver peito.

E também esta frase que, há dois mil anos, infelizmente Catilina não se lembrou de dizer:

"Quousque tandem, Cicero, abutere patientia nostra?"

Urizafel

O homem suspirava para os costumeiros mirões que costumam cercar o leito derradeiro: "Todo mundo já viu um disco voador! Eu nunca vi... Todo mundo já viu um fantasma! Eu nunca vi..." Nesse ponto, o Anjo das Últimas Queixas, o qual, como todo mundo sabe, atende pelo nome de Urizafel, teve pena do pobre homem e transformou-o num fantasma dentro de um disco voador.

De uma entrevista para o boletim do IBNA

Não pretendo que a poesia seja um antídoto para a tecnocracia atual. Mas sim um alívio. Como quem se livra de vez em quando de um sapato apertado e passeia descalço sobre a relva, ficando assim mais próximo da natureza, mais por dentro da vida. Porque as máquinas um dia viram sucata. A poesia, nunca.

Verbetes

Infância. — A vida em tecnicolor.
Velhice. — A vida em preto e branco.

Poema

Oh! aquele menininho que dizia
"Fessora, eu posso ir lá fora?"
mas apenas ficava um momento
bebendo o vento azul...
Agora não preciso pedir licença a ninguém.
Mesmo porque não existe paisagem lá fora:
somente cimento.
O vento não mais me fareja a face como um cão amigo...
Mas o azul irreversível persiste em meus olhos.

Pausa

Quando pouso os óculos sobre a mesa para uma pausa na leitura de coisas feitas, ou na feitura de minhas próprias coisas, surpreendo-me a indagar com que se parecem os óculos sobre a mesa.

Com algum inseto de grandes olhos e negras e longas pernas ou antenas?

Com algum ciclista tombado?

Não, nada disso me contenta ainda. Com que se parecem mesmo?

E sinto que, enquanto eu não puder captar a sua implícita imagem-poema, a inquietação perdurará.

E, enquanto o meu Sancho Pança, cheio de si e de senso comum, declara ao meu Dom Quixote que uns óculos sobre a mesa, além de parecerem apenas uns óculos sobre a mesa, são, de fato, um par de óculos sobre a mesa, fico a pensar qual dos dois — Dom Quixote ou Sancho? — vive uma vida mais intensa e portanto mais verdadeira...

E paira no ar o eterno mistério dessa necessidade da recriação das coisas em imagens, para terem mais vida, e da vida em poesia, para ser mais vivida.

Esse enigma, eu o passo a ti, pobre leitor.

E agora?

Por enquanto, ante a atual insolubilidade da coisa só me resta citar o terrível dilema de Stechetti:

"Io sonno un poeta o sonno un imbecile?"

Alternativa, aliás, extensiva ao leitor de poesia...

A verdade é que a minha atroz função não é resolver e sim propor enigmas, fazer o leitor pensar e não pensar por ele.

E daí?

— Mas o melhor — pondera-me, com a sua voz pausada, o meu Sancho Pança —, o melhor é repor depressa os óculos no nariz.

Conto amarelo

Redesarrumando velhas prateleiras, notei que as traças preferiam os meus livros em francês. Estariam elas em um nível de cultura superior ao dos leitores de hoje? Desdenhariam as traduções de suspeitos best-sellers ianques, deixariam de lado a propagandística literatura mafiosa? Que lição! Mas eis que, em plena atmosfera poesca, descubro a tempo que o segredo estava nas edições propriamente ditas, aquelas antigas edições amarelas da Garnier e do Mercure, impressas num papel mais poroso e digestivo... Minha filha, que desilusão para os amantes do fantástico!

Apontamento de história natural

Os leões selvagens quase não têm juba: brigam como mulheres, arrancando-se os cabelos. E teriam o maior desprezo, se um dia os vissem, pelos leões de zoo e de circo, a quem acusariam de usar peruca. Aliás, magníficas perucas à Luís XIV.

Ah, as viagens

Alegre agitação de véspera de partidas. Com crias da casa para carregar as malas. E um pai para pagar a passagem. Agora as viagens são sozinhas, anônimas, quase furtivas. E ir de um lugar para outro — olha só a grande novidade! — é o mesmo que mudares de posição um velho móvel no quarto de sempre...

O raptor

E, embora aquele fosse um menino como outro qualquer, o louco não tinha a mínima dúvida de que estava com o Menino Deus nos braços.

Senão, refletiu ele, como teria vindo assim sem mais nem menos, aparecendo de súbito em seus braços?

E, num relâmpago de lucidez, isto é, de velhacaria, lembrou-se de o levar ao próprio Rei Herodes.

Sorriu. Claro que não pôde deixar de sorrir. Ele não estava suficientemente são para uma coisa dessas...

Sempre desconfiei

Sempre desconfiei de narrativas de sonhos. Se já nos é difícil recordar o que vimos despertos e de olhos bem abertos, imagine-se o que não será das coisas que vimos dormindo e de olhos fechados... Com esse pouco que nos resta, fazemos reconstituições suspeitamente lógicas e pomos enredo, sem querer, nas ocasionais variações de um calidoscópio. Me lembro de que, quando menino, minha gente acusava-me de inventar os sonhos. O que me deixava indignado.

Hoje creio que ambas as partes tínhamos razão.

Por outro lado, o que mais espantoso há nos sonhos é que não nos espantamos de nada. Sonhas, por exemplo, que estás a conversar com o tio Juca. De repente, te lembras de que ele já morreu. E daí? A conversa continua.

Com toda a naturalidade.

Já imaginaste que bom se pudesses manter essa imperturbável serenidade na vida propriamente dita?

O estranho fichário

O cérebro humano arquiva tudo. Mas tudo mesmo! — insistem os sábios. O único transtorno em toda essa maravilha é que a gente vive perdendo as chaves do maldito arquivo...

Clarividência

O poema é uma bola de cristal. Se apenas enxergares nele o teu nariz, não culpes o mágico.

A moeda

Um menininho sonhou que havia encontrado uma moeda de ouro no fundo do poço. — Mas por que foi que não me entregaste? — disse o pai juntando as sobrancelhas, que era o seu gesto mais terrível e mais precursor de tudo. O menininho, então, no outro dia, inventou um novo sonho: que havia perdido uma moeda de ouro no fundo do poço... Então o pai, com grande alívio do menininho, não fez um gesto, não disse uma palavra: foi procurar a moeda e afogou-se.

No silêncio da noite

Sempre me impressionou esse estranho caso que acontece no silêncio da noite e no interior das enciclopédias: a promiscuidade forçada das personagens dos verbetes, as quais, sem querer, se encontram alfabeticamente lado a lado... Não fosse a minha salutar preguiça, eu escreveria um novo *Dialogues des morts*. Deixo aqui a ideia a quem quiser aproveitá-la.

Que diria, por exemplo, Napoleão a Nabucodonosor, que, se não me engano muito, é ainda por cima o único lobisomem que aparece na Bíblia... Em todo caso, o orgulho do Imperador ficaria por demais ferido com a total ignorância de seu vizinho de página a respeito de suas andanças através da História. Ainda mais danado ficaria ele se pudesse ver os filmes em que é apresentado como um baixinho irrequieto, nervosinho, de gestos súbitos, um garnisé petulante. Por ocultos motivos, parece que é moda denegrir Napoleão entre os cineastas franceses. Isto apesar de os burgueses de França terem ficado seduzidos, até hoje, com as fitinhas da Legião de Honra, que ele, maliciosamente, criou exatamente para os civis — o que ainda agora o deve divertir muitíssimo. Mas por que diabo foi ele vender a Louisiana aos Estados Unidos? Não fora isto, poderia transportar, depois de Waterloo, a sede do Governo para o Novo Mundo — como fez Dom João VI ao vir para o Brasil. Foi a mesma burrada (desculpem, não me ocorre no momento outra expressão), foi o mesmo, digo agora, que fez a Rússia ao vender o território do Alasca aos norte-americanos. Com que raiva não hão de pensar nisto os soviéticos, que, com um pé na América, aí sim, poderiam, literalmente falando, abarcar o mundo com as pernas.

Mas, depois do que aconteceu, é tolice imaginar o que poderia não ter acontecido. Deixemos pois os guerreiros em imerecida paz e vamos falar daqueles cujo reino não é deste mundo.

Contudo, receio que Napoleão e Nabucodonosor não se estranhariam tanto como pessoas da mesma Era e da mesma Fé. Como Santa Teresa de Jesus, por exemplo, e Santa Teresinha do Menino Jesus, que se defrontam na mesma página. Deus me perdoe, mas creio até que o velho Teresão não daria importância àquela meiga menina, com suas chuvas de rosas... "Deixá-la falar! santinha de arrabalde..."

Comunhão

Há anjos boêmios que costumam frequentar esses antros noturnos que são os sonhos dos humanos. São estes que finalmente intercedem por ti. O resto é dedo-duro.

A revelação

Um bom poema é aquele que nos dá a impressão de que está lendo a gente... E não a gente a ele!

O álbum

Todos os anos, a 31 de dezembro, a família se reunia para contar os sobreviventes e fazer o cômputo dos recém-nascidos. Pois bem, naquele ano morrera o Tio Hipólito, meio gira, mas divertido, e que tinha o apelido de "Que barulho é esse na escada?", frase que a toda hora berrava do alto do sótão onde morava e onde recortava meticulosamente, a tesoura, de revistas e jornais velhos, figurinhas, estampas e textos, num álbum que não mostrava a ninguém neste mundo, nem no outro, se para lá o pudesse levar. Afinal, para que possuirmos álbuns ou colecionarmos coisas, se depois hão de cair nas mãos de herdeiros ignaros e irreverentes, que as venderão por atacado ou as relegarão para a ignomínia dos porões escuros, onde ficarão mofando como trastes... essas queridas coisas para sempre impregnadas da nossa alma e do nosso carinho?

Pois foi a alma de Tio Hipólito que seus sobrinhos dilaceraram literalmente naquele ano, ao deparar entre guinchos irreprimíveis, logo à primeira página do livro secreto, com o belo retrato do Vovô Humphreys, o da homeopatia, seguindo-se-lhe a curiosa radiografia de uma mão atravessada por uma agulha e mais um recorte com a seguinte trova portuguesa:

"Quando eu era rapariga,
Minha mãe recomendou:

Minha filha, não te cases,

Que tua mãe nunca casou."

Embora não fosse eu da família, mas simplesmente acompadrado nela, deram-me o álbum para folhear, o que fiz com a maior seriedade e respeito. Aliás, não podia deixar de admirar o senso artístico com que estavam distribuídos os textos e figuras em cada página. Só estranhei um pouco é que os sonetos do festejado poeta Hermes Fontes aparecessem apenas pela metade e além disso cortados em diagonal — compreendem? — formando um triângulo retângulo no canto inferior direito da página, como que a deter a hábil desordem com que nela se derramavam, digamos, as estampas do "Minas Gerais", do busto de Alexandre Herculano, das quatro mulheres vocalizantes anunciando, sílaba a sílaba, a Lu-go-li-na, e assim por diante.

Outra coisa que me causou espécie foi que, da "minha" Vênus de Botticelli, apareceu-me unicamente a cabeça decapitada, com aquela cabeleira espantosamente viva e oval angélico de seu rosto inclinado.

Fiquei triste, porque o *Nascimento de Vênus* é dessas coisas que sempre me fizeram bem aos olhos e portanto à alma. Em compensação, mais adiante, encontrei-lhe o busto e os seios, embaixo da gravura da Primeira Locomotiva. Não pude mais: pus-me a folhear aflitamente o álbum, como quem procura desesperadamente os restos da bem-amada estraçalhada no mais pavoroso desastre do século.

Encontrei-lhe os pés brotando, muito alvos, da larga concha marinha, a qual se equilibrava milagrosamente em cima da calva de um tal de sr. João P. de Souza Filho, natural de Cataguases, antes de usar Tricomicina. Na página 27 encontrei a suave curva dos quadris, o ventre... Estava enquadrada entre duas colunas com os sucessivos instantâneos da queda de um gato, animal que, como se sabe, sempre cai de pé. Eu é que quase caí sentado quando, depois de percorrido todo o álbum, achados os braços, as mãos, os "joelhos sem joelheiras", o resto, só não pude encontrar o baixo-ventre...

Fiquei horrorizado como quando Jack, o Estripador, andava às soltas em Londres; indaguei, pálido:

— Esse Tio Hipólito era mesmo um homem muito solitário, não?

— Sim — cacarejou, com um súbito rancor na voz esganiçada, uma das três sobrinhas solteironas —, comia no quarto e não gostava de barulho, especialmente de cacarejo de galinhas. Por sinal que uma madrugada quase que o mano Juca matou ele. Ouviu barulho no fundo do quintal, pensou que fosse ladrão, pegou do revólver e se tocou de mansinho pro galinheiro, mas graças a Deus a noite estava clara e ele viu a tempo que era o Tio Hipólito segurando uma galinha (já tinha pegado três) e enrolando esparadrapo no bico do animal, para que não cantasse mais. O mano Juca se retirou como chegara, sem ser suspeitado, e ficou acordado até o clarear do dia, pensando no que devia fazer. E nós também, escutando os protestos dos pobres animais que pouco a pouco se foram calando um a um e que amanheceram todos mortos por sufocação. E só o que pudemos fazer no outro dia foi uma canja de uma das galinhas e mandar as outras onze e o galo preto para a festa de Natal do Asilo Padre Cacique... O senhor não leu no jornal? "Generoso gesto das irmãs Fagundes. Um nobre exemplo a imitar." Até recortamos. Aqui está.

E tirou da bolsa o recorte.

Tive vontade de dizer que o colasse no álbum do Tio Hipólito, o qual fora parar não sei como nas mãos de um guri da nova safra, que o estava folheando. Sim, folheando atentamente, e sem rasgar, como seria de esperar de um pimpolho de onze meses e pico!

— Como se chama o garoto? — perguntei, para mudar de assunto.

— Ah! este é o Filho do Livro! — respondeu a mãe da criança, que aliás era uma linda mãezinha dos seus vinte anos.

— O Filho do Livro! — disse eu, atônito, para maior divertimento da gozada mãezinha e do paizinho da criança, um sujeitinho seco e de fala fina.

— O senhor sabe... — explicou ele. — A crise... a incertidão da vida... A gente não queria ter filho já... Compramos o *Método racional da limitação de filhos*... Imagine, um método recomendado até pelo Papa! Seguimos tudo à risca... e nasceu este guri.

Tive vontade de dizer-lhes que eles com certeza é que não tinham tomado direito certas anotações, como o livro mandava. Mas não disse nada e fiquei olhando o guri, que por sua vez continuava olhando o livro... Hururum! O que sairia dali? Um grande escritor, pelo visto? Ou um novo Tio Hipólito? Tive vontade de dizer muitas coisas que o assunto comportava. Mas não disse nada. Há muito que a vida me ensinou a não dizer nada. Agachei-me no chão e fiquei olhando o álbum junto com o Filho do Livro, ambos muito atentos, muito calados, muito impressionados, cada qual à sua maneira.

A grande aventura

Estás cansado? Estás parado? Morto? E, no entanto, os teus primeiros sapatos continuam andando, andando, por todos os caminhos do mundo...

Cautela

Os fantasmas não fumam porque poderiam acabar fumando-se a si mesmos.

Simultaneidade

— Eu amo o mundo! Eu detesto o mundo! Eu creio em Deus! Deus é um absurdo! Eu vou me matar! Eu quero viver!
— Você é louco?
— Não, sou poeta.

Primeiras leituras

As minhas primeiras leituras em matéria de romance foram uma coisa muito engraçada: o primeiro volume das *Minas de prata*, de José de Alencar, o primeiro volume da *Família Agulha*, creio que de Bernardo Guimarães. Por onde andariam os segundos volumes? *Minas de prata* foi um mundo encantado, porque não era o mundo da nossa época. A *Família Agulha* até me dava dor do lado, de tanto rir. Ah! aquela irresistível personagem, a Dona Quininha Ciciosa... Não, não vou dizer que, quando eu estiver para ir-me, quero que me arranjem os dois volumes completos de cada obra. Parece que, desde então, compreendi que o enredo é o pretexto, e o essencial a atmosfera. É que a insatisfação faz parte do fascínio da leitura. Um verdadeiro livro de um senhor autor não é um prato de comida, para matar a fome. Trata-se de um outro pão, mas que nunca sacia... E ainda bem!!

O silêncio

Convivência entre o poeta e o leitor, só no silêncio da leitura a sós. A sós, os dois. Isto é, livro e leitor. Este não quer saber de terceiros, não quer que interpretem, que cantem, que dancem um poema. O verdadeiro amador de poemas ama em silêncio...

Silêncios

Há um silêncio de antes de abrir-se um telegrama urgente
há um silêncio de um primeiro olhar de desejo
há um silêncio trêmulo de teias ao apanhar uma mosca
e
o silêncio de uma lápide que ninguém lê.

Novidades

Cada dia é preciso escrever sobre uma coisa nova — mas novidades, as últimas, só as há nas vitrinas de butiques, nos catálogos de acessórios domésticos, nos belíssimos e caros anúncios de medicamentos caros.

Estas é que importam, fascinam, dão água na boca — quem é que não deseja ser saudável como os ginastas das estátuas gregas ou, se mulher, ter o porte e o charme dos manequins de moda? Mas, por azar, o que mais interessa só pode ser sob prescrição médica...

O resto, quase o que só se lê, são ninharias: sequestros, estupros, assaltos e outras coisas que ficam além do alcance do vulgo. Resta a política, mas agora em mãos de especialistas, de modo que a gente fica igualmente por fora.

Parece que diante de tudo isso a única solução é fabricar fogos de artifício, girândolas, busca-pés e traques, na falta de outras coisas menos líricas.

Mas os cartolas dirão que não é tempo de lirismos. Ouçamos, pois, o que digressionam eles sobre assuntos econômicos. Isto, sim, é que toca a todos nós nestes tempos bicudos. Como?! Não entendeste nada? E alegas que é porque eles falam economês? Nada disto, meu santo. Eles acabam de expressar-se no mais puro chinês!

Achados e perdidos

Generalizando, e dando ao caso um toque emocional de exagero, levo metade do dia a procurar o que se extraviou na véspera.

Não, não tentem ajudar-me, ó bem-amadas, pois não se trata de joias e, se por acaso eu as houvesse herdado, não teriam para mim outro valor senão o de empenhá-las pouco a pouco.

O que eu perco são coisas imponderáveis, suspiros não, mas pensamentos, se assim posso chamar o que às vezes me borboleteia na cuca e que procuro transfixar no papel, antes que um súbito buzinar ou britadeira as mate de nascença.

E, enquanto procuro traçá-las a lápis no papel, pois graças a Deus não pertenço intelectualmente à era mecânica, às vezes me parece que, por exemplo, um manuscrito me saiu um garrancho, ou, antes, um gancho, que faz pender a linha destas escrituras e por conseguinte a linha do pensamento.

Estão vendo? De que era mesmo que eu estava falando? Ah! era dos papéis escritos, extraviados, esquecidos.

Quem sabe lá como seriam bons!

Quanto a este, que tive o cuidado de não perder, o melhor será colocar-lhe no fim os três pontinhos das reticências...

Ninguém sabe ao certo o que querem dizer reticências.

Em todo caso, desconfio muito que esses três pontinhos misteriosos foram a maior conquista do pensamento ocidental...

Catarina

Passou despercebido o cinquentenário de Katherine Mansfield, aquela que, depois de Tchékhov, acabou com o conto anedótico de Maupassant. Aliás uma coisa que sempre me causou espécie foi cognominarem Tchékhov de "o Maupassant russo". Mas não há de ser nada... Estou relendo *Bliss* (*Felicidade*, na bela tradução do Erico para a Globo). E encontro em Katherine — não reparem que eu a trate assim, pois Katherine é dessa espécie de autores de quem a gente fica logo íntimo —, encontro, pois, na Catarina e copio aqui este trecho que ela julgava que fosse de prosa, mas que é um puro poeminho, dos nossos:

"As notas sobem e descem
dançando na pauta
como negrinhos brincando numa cerca de arame."

Até que enfim

Ora, até que enfim chegou o outono, o outono de azulejo e porcelana. Olho (estou na nossa velha praça da Alfândega) a estátua equestre do general. Estão ambos verdes, num louvável mimetismo, contra o verde das árvores ao fundo, especialmente o daquele belíssimo guapuruvu, já cantado por Nogueira Leiria.

Quero crer que o Leiria se foi antes que houvessem cortado um braço lateral da sua árvore, quebrando a bela simetria da copa. Espero que não tenha saído sangue dessa amputação, como aconteceu com a árvore no poema "O lenhador", de Catulo da Paixão Cearense.

Olho, para disfarçar, os guris no tobogã. Meu sorriso interior, no entanto, fica em meio. Porque esses guris em breve vão perecer. Isto é, vão perder a infância, a inocência animal, para ganhar em troca, no mínimo, uma sonsice social. E ostentarão esse falso cinismo da adolescência, mais perdoável, aliás, que o cinismo rancoroso dos velhos.

Mas, por enquanto, ainda estão estragando por aí os fundilhos. E que brilho nas caras de maçãs, acesas na escorregadela a jato! A tarde mira-se nos seus olhos. Repara bem no que te digo: a tarde é que se mira nos seus olhos, que se limitam a refletir as coisas, em vez de refletir sobre as coisas. Eles estão na vida como peixes n'água: sem saber. E no mesmo contínuo movimento.

Babel

Deus sabotou a construção da Torre de Babel simplesmente porque não gostava de espigões, ou arranha-céus, como poeticamente eram denominados em tempos que não vão longe. Hoje, basta o pejorativo de espigões para ver-se o quanto os abominamos — com exceção dos construtores — estranho sinônimo dos demolidores da beleza e da comodidade do mundo. Era tão bom viver à flor da terra...

Mas parece que eles, os construtores, andaram lendo por demais as novelas de ficção científica. Tudo são elevados ou subterrâneos. Ou anda-se minhocando por debaixo da terra ou pairando em alturas. Se ao menos fossem os jardins suspensos da Babilônia... Onde está o nosso querido chão humano? Tudo é tão desnatural!

Quando ainda há pouco estive no Rio, encaminharam-nos diretamente da porta do avião para um túnel, ao fim do qual aconteceu uma escada rolante, depois mais um túnel e mais uma escada, depois a espera de que as nossas bagagens passassem por nós. Era o Rio aquilo?

Não: parecia que estávamos dentro de um conto de Kafka. No hotel perguntou-me o gerente se eu preferia um quarto da frente ou dos fundos. Escolhi um dos fundos porque haveria menos barulho. Engano d'alma! Lá nos fundos havia uma britadeira que trabalhou toda a noite. E, no regresso, puxa! Quanta fila de espera e quanto guichê e quanto elevador! E ainda os cariocas indagavam se eu não achava uma maravilha aquele novo aeroporto... Eu achava a coisa um pesadelo técnico.

A sorte é que andei autografando no Largo do Boticário — um oásis no Rio de hoje, com seus casarões coloniais, com seus lampiões — e tudo aquilo reconstruído ou ressuscitado pela senhora proprietária do local — uma construtora inteligente.

A gente ainda não sabia

A gente ainda não sabia que a Terra era redonda.
E pensava-se que nalgum lugar, muito longe,
deveria haver num velho poste uma tabuleta qualquer
— uma tabuleta meio torta
e onde se lia, em letras rústicas: FIM DO MUNDO.
Ah! depois nos ensinaram que o mundo não tem fim
e não havia remédio senão irmos andando às tontas
como formigas na casca de uma laranja.
Como era possível, como era possível, meu Deus,
viver naquela confusão?
Foi por isso que estabelecemos uma porção de fins de mundo...

Poças d'água

As poças d'água na calçada esburacada — não, isto não é um protesto: é, a seu modo, uma espécie de poema, que por sinal já saiu rimando... Fosse uma reclamação, eu a publicaria no "Correio do Leitor", seção competente onde cada um exerce o direito da sua opinião privada sobre a coisa pública. As poças d'água na calçada, como eu ia dizendo, são, em meio ao tráfego congesto, o único esporte que resta ao viandante na contingência de lhes saltar por cima ou devidamente contorná-las. Há velhinhas — quem diria? — que sabem transpô-las com infinita graça, equilibrando no alto a sombrinha como a moça do arame no circo. Há graves senhores pançudos que o fazem cuidadosamente, eficientemente, com uma perfeição que justifica o seu status. E há também os sujeitos, nada pançudos, nada graves, antes pelo contrário, e que nos fazem lembrar os chamados "saltapocinhas" do Segundo Império. Quanto às crianças, estas adoram as poças d'água... Nem é necessário alegar, a seu respeito, uma compulsiva comunhão com a natureza.

Comunhão com a natureza tive-a eu, quando uma noite caí de borco ao praticar esse esporte e fui parar no pronto-socorro, de nariz quebrado. A moça otorrino que gentilmente me atendeu mostrou-se preocupada com o meu vômer, que eu não sabia o que era. Explicou-me que se tratava do osso que dividia as fossas nasais. Quanto aos outros, os da ponta do nariz, eram os ditais e, se fossem os vitimados, não tinha importância, pois acabariam acomodando-se por si mesmos.

Como vês, leitor amigo, a vida é assim: caindo e aprendendo... E, caso me ocorram outros acidentes, acabarei enfim sabendo anatomia, matéria que faz muito tempo que não estudei nos bancos escolares.

Mas o que me deixou mesmo mais eufórico foi ao ler no boletim clínico que toda aquela sangueira nas ventas tinha o nome de epistaxe. Epistaxe, meu Deus! Até parece uma figura de retórica...

As poças d'água são um mundo mágico
Um céu quebrado no chão
Onde em vez das tristes estrelas
Brilham os letreiros de gás néon.

De um diário íntimo do século trinta

Tenho 9 anos. Meu nome é Gavrilo. Meu professor só hoje me permitiu uma ida ao Jardim Botânico, por causa da minha redação sobre a fórmula de Einstein. Elogiou em aula o meu trabalho porque, disse ele, em vez de dar-lhe uma interpretação, como fazem todas as crianças, eu me limitei a dizer que aquela simples fórmula era uma coisa tão absurda e maravilhosa e inacreditável como as lendas pré-históricas, por exemplo a Lâmpada de Aladino ou a Vida de Napoleão e seu Cavalo Branco. Por isso começo hoje o meu diário, que eu devia ter começado aos 7 anos. Mas nessa idade a gente só escreve coisas assim: "A Adalgiza caminha como um saca-rolha" ou "Pusemos na Inspetora Geral do Ensino o apelido de Dona Programática". Pois lá me fui com outros meninos e meninas que também tinham merecido menção pública ao Jardim Botânico, que me pareceu pequeno porque constava apenas de uma cúpula de vidro. Havia uma fila enorme de turistas e visitantes domingueiros. Lá dentro não era apenas ar condicionado, era um vento leve, uma "brisa", explicou-nos o professor. Uma brisa que agitava os cabelos da gente e as folhas da árvore. Sim, porque lá dentro só havia uma árvore, a única árvore do mundo e que se chamava simplesmente "a árvore", pois não havia razão para a diferenciar de outras. Suas folhas agitavam-se e tinham um cheiro verde. Não sei se me explico bem. Não importa: este diário é secreto e será queimado publicamente com outros, de autoria dos meninos da minha idade, quando atingirmos os 13 anos. Dona Programática nos explicou a necessidade destes diários porque, "para higiene da alma e preservação do indivíduo, todos têm direito a uma vida secreta, ao contrário do que acontecia nos tempos da Inquisição, da Censura, dos sucessores do Dr. Sigmund Freud e dos entrevistadores jornalísticos".

Isto diz a Dona Programática. Mas o nosso professor de Redação, que não é tão cheio de coisas, diz que estes nossos diários secretos servem para a gente dizer besteiras só por escrito em vez de as dizer em voz alta.

Na próxima vez tratarei de fazer uma boa redação sobre a Árvore para ver se ganho o prêmio de uma visita ao Zoo — onde está o Cavalo. Andei indagando dos grandes sobre este nosso cavalo e me disseram que não, que ele não era branco. Uma pena...

Sabotagem

Estragaram o Grande Espetáculo do Juízo Final
porque
antes do veredicto
fizeram explodir tudo quanto era bomba H
e apenas ficou no meio do deserto
— misteriosamente sorrindo —
a dentadura postiça de Jeová.

O mundo delas

Que importa o asfalto, o cimento, isso tudo?! As meninazinhas sempre saem da escola correndo descalças sobre a relva...

Coisas nossas

Quando eu tinha dezesseis, dezessete anos, evitava qualquer menção de local, qualquer laivo bairrista em meus contos, para que estes pudessem ser lidos sem dificuldade em traduções francesas. Eis aí como eram os adolescentes do meu tempo: viviam em Paris... Enquanto isto, no interior do meu Estado, Simões Lopes Neto escrevia em português, ou antes em brasileiro, ou melhor ainda em linguagem guasca, os "Contos gauchescos" e as "Lendas do Sul" — belas histórias tão tipicamente nossas, porém de gabarito universal. E desconfio até que nas "Lendas", pelo verismo dos pormenores, tenha sido ele, nas três Américas, o verdadeiro precursor do realismo fantástico.

O ovo inquieto

Era uma vez um ovo. Já disse alguém, talvez tenha sido eu mesmo, que o ovo é a mais perfeita forma da Criação. Assim vivia ele, elipsoidal e único, sereno como se tivesse atingido o Nirvana ou essa ausência de si a que alguns fanáticos chamam estranhamente de meditação, e ainda por cima transcendental. Nada disso! Tão consciente ele era que, sendo ovo de galinheiro, tinha um receio pavoroso de ficar choco e virar uma dessas aves cacofônicas — as únicas, em toda a natureza, que cantam sem música, pois até mesmo o pássaro-ferreiro, na sua estridência, tem uma bela harmonia metálica. Pensando nesse perfeito e inquieto ovo é que acabo de pedir uma omelete no restaurante. Talvez ele faça parte do conteúdo dela... Antes assim, meu amigo, antes assim!

Conto azul

Da última vez em que estive por lá, vi passarem de um lado para outro algumas almas com as suas alvas túnicas regimentais. Até aí nada de novo. Mas, dentre elas, havia algumas que traziam gravados a negro, nas costas, uns algarismos romanos. E foi assim que vi o IV, o XI, o XV, o IX...

Não me contive:

— Vai haver alguma corrida? — indaguei ao Anjo que se achava de guarda.

— Pssst! — fez ele, levando imperiosamente o dedo ao lábio. E baixinho, para que o XVI que então passava não nos ouvisse: — Mais respeito, seu moço! São os Luíses de França...

Em tempo

Com licença, posso meter um pouco a minha colher no assunto? Mas esse tão badalado realismo fantástico existiu sempre: é a poesia.

O criador e as criaturas

Mais triste do que um escritor virar seu próprio discípulo é quando ele vira um dos seus próprios personagens. No fim da vida, vejam só o que aconteceu com Tolstói. De senhor invisível e ubíquo que era, corporificou-se enfim num daqueles fanáticos que abundavam na Rússia do seu tempo, os chamados "inocentinhos", o último dos quais nada tinha de inocente: Rasputin.

Romancista mesmo é aquele cujas criaturas assumem vida própria e não lembram o pai. Ainda no outro dia dizia eu ao nosso Josué Guimarães que o que tinham de bom os seus personagens é que não se pareciam com ele. Um elogio, como se vê.

Pois, embora possa servir eventualmente de ótimo material, o eu de um romancista sempre é "le haissable moi".

E, por exemplo, que pensaria ele, o velho Machado romancista, do burocrata Joaquim Maria Machado de Assis, tão pontilhoso, ou do acadêmico do mesmo nome, tão convencional?

Creio que pensaria isso mesmo...

Reflexos, reflexões...

I

Quando a idade dos reflexos, rápidos, inconscientes, cede lugar à idade das reflexões — terá sido a sabedoria que chegou? Não! Foi apenas a velhice.

II

Velhice é quando um dia as moças começam a nos tratar com respeito e os rapazes sem respeito nenhum.

III

Ora, ora! não se preocupe com os anos que já faturou: a idade é o menor sintoma de velhice.

Exercícios

Há senhores, graves senhores, que leem graves estudos de filosofia ou coisas afins, ou procuram sozinhos filosofar, considerando as suas ideias que eles julgam próprias. Isto em geral os leva à redescoberta da pólvora. Mas não há de ser nada... Porque estou me lembrando agora é dos tempos em que havia cadeiras na calçada e muitas estrelas lá em cima, e a preocupação dos pequenos, alheios à conversa da gente grande, era observar a forma das nuvens, que se punham a figurar dragões ou bichos mais complicados, ou fragatas que terminavam naufragando, ou mais prosaicamente uma vasta galinha que acabava pondo um ovo luminoso: a lua.

E esses exercícios eram muito mais divertidos, meus graves senhores, que os de vossas ideias, isto é, os de vossas nuvens interiores.

Direção única

Naquele tempo, todas as casas davam para o norte. Porque o norte era sempre para onde estava apontando o nariz da gente quando saíamos porta fora como um pé de vento. O mundo era sempre em frente. E a sensação que tínhamos — ó inocência perdida! — de seguir cada um o seu próprio nariz...

Raios & trombetas

Pergunto-me por que o uivar de lobos, os trovões, os raios constituem o pano de fundo para as cenas de horror. Pois, quando o medo é muito, faz-se um silêncio na alma. E nada mais existe.

Mais forte seria a nossa impressão se os gestos culminantes de Drácula ou Frankenstein se passassem em silêncio.

Como em igual silêncio decorrem nesta vida os momentos de êxtase, seja a visão de um santo em seu retiro ou o último olhar de Joana d'Arc ao subir para a imolação.

Os grandes momentos dispensam rabos de pandorga, tão do agrado de Cecil B. de Mille, que fez da História uma espécie de filme carnavalesco. Não é que, no seu caso, a história não fosse bem contada: foi bem contada demais.

A grande atração do circo

Salvador Dali? Sim, sim, espantoso... Mas que espantosa falta de imaginação!

Não olhe para os lados

Seja um poema, uma tela ou o que for, não procure ser diferente. O segredo único está em ser indiferente.

Diagnóstico errado

Não tentes tirar uma ideia da cabeça de outrem porque, examinando bem, verás que em geral não se trata de ideias, mas de convicções. São inextirpáveis. E a causa única de todas as guerras — políticas ou religiosas, paroquianas ou internacionais.

Ainda as convicções

Um porteiro que tive estava convencido de que rato, depois de velho, vira morcego. Confessei-lhe que até então ignorava tal coisa. Fosse eu discutir com ele! Fosse eu discutir com aquela senhora que durante a última guerra se comunicou com Joana d'Arc numa sessão espírita do Partenon! Não seria mais sensato que a santa de França, naquela época, se comunicasse com o próprio De Gaulle lá na Europa e não com gente anônima no obscuro arrabalde de uma cidade remota? Mas para que discutir? O velho se achava tão feliz com a sua História Natural e a velha com a sua história do outro mundo que seria uma crueldade desenganá-los...

Depois disto, para casos tais e outros menos ingênuos, o meu lema é o seguinte:

— Nunca se deve tirar o brinquedo de uma criança...

Tédios

O terrível tédio da ginástica sueca que nos obrigavam a fazer na infância vinha da aparente falta de finalidade de seus movimentos. Mas a troco de quê? — a gente perguntava-se...

Era como se estivéssemos abatendo árvores de vento ou apanhando penosamente pedras invisíveis no chão e depois sustentando no ar sua cansativa falta de peso.

O melhor, moçada, o que entusiasma é rachar árvores de verdade — assim como o que dá sentido ao trabalho da poesia é fazer poemas que não sejam concretistas.

A morte viva

O pensamento da morte não tem nada de fúnebre, como pensam os supersticiosos.

Nada tem ele a ver com a morte e sim com a vida; é ele que empresta a cada instante nosso este preço único, todo esse encantamento agradecido que os tímidos desconhecem...

A morte é o aperitivo da vida.

Novos & velhos

Não, não existe geração espontânea. Os (ainda) chamados modernistas, com a sua livre poética, jamais teriam feito aquilo tudo se não se houvessem grandemente impressionado, na incauta adolescência, com os espetáculos de circo dos parnasianos.

Acontece que, por sua vez, fizeram eles questão de trabalhar mais perigosamente, sem rede de segurança — coisa que os acrobatas antecessores não podiam dispensar.

Quanto a estes, os seus severos jogos atléticos eram uma sadia reação contra a languidez dos românticos.

E assim, sem querer, fomos uns aprendendo dos outros e acabando realmente por herdar suas qualidades ou repudiar seus defeitos, o que não deixa de ser uma maneira indireta de herdar.

Por essas e outras é que é mesmo um equívoco esta querela, ressuscitada a cada geração, entre novos e velhos.

Quanto a mim, jamais fiz distinção entre uns e outros. Há uns que são legítimos e outros que são falsificados. Tanto de um como de outro grupo etário. Porque na verdade a sandice não constitui privilégio de ninguém, estando equitativamente distribuída entre novos e velhos, em prol do equilíbrio universal.

E além de tudo, os novos significam muito mais do que simples herdeiros: embora sem saber, embora sem querer, são por natureza os nossos filhos naturais.

Sete variações sobre um mesmo tema

I

Um macaco não pode fingir de homem porque é demasiadamente parecido com um homem.

II

Quando digo que a lua vem andando esguia como um lírio, estou muito mais próximo da verdade do que se a comparasse a uma foice, uma gôndola etc.

III

Um poema é uma Nau do Descobrimento.

IV

Quem lê um poema é como se de súbito ouvisse gritarem do topo do mastro: "Terra à vista! Terra à vista!"

V

Às vezes o gajeiro grita: "Homem ao mar!" Em vão: ninguém o pode salvar. Foi um leitor que caiu do poema como "a camélia que caiu do galho"... Ele, porém, foi cair (ou já estava) num banco de praça e não morreu nem nada, tanto assim que diz a seu vizinho, apontando-lhe estas linhas: "Esses poetas..."

E ambos sacodem a cabeça, sacodem irresistivelmente as respectivas cabeças como bonecos de engonço.

VI

Ou serão mesmo bonecos de engonço?

VII

Mas uma rosa — num poema — é sempre a primeira rosa.

Realejo, gaita de boca e outras musiquinhas...

Há quase um século, escrevia Stéphane Mallarmé, de Londres, numa carta a seu amigo Henri:

"... Interrompi um instante esta carta para atirar uma moeda a um pobre realejo que se lamenta na praça. São dez horas. O pobre-diabo ainda espera talvez a sua primeira refeição do dia e conta com a sua *Marselhesa* para comprar um *penny* de pão no vendeiro da esquina. Que tristes reflexões não tem ele a fazer diante de todas essas janelas fechadas e como deve desesperar — vendo esses postigos aferrolhados, essas cortinas descidas — de que qualquer mão aquecida a um bom fogo abra e atravesse tudo isso para lhe lançar o que comer! Tocar diante de uma janela acesa, ainda bem: vê-se vida e portanto bondade atrás das vidraças, mas tocar manivela diante dos postigos sombrios como o muro e indiferentes como ele! Marie diz que esse homem é um preguiçoso e que os verdadeiros pobres merecem mais os nossos *pence*. Isto não. Esse homem faz música nas ruas, é um ofício como o de notário e que tem sobre este último a vantagem de ser inútil.

"Pode-se acaso sonhar uma vida mais bela do que essa que consiste em errar pelos caminhos e fazer a esmola de uma ária triste ou alegre à primeira janela que se avista, sem saber quem ali porá a cabeça, se um anjo ou uma megera, em tocar para as calçadas, para os pardais, para as árvores doentias das praças?! São aedos, esses homens... Seu instrumento é grotesco? Seja, mas a intenção permanece."

A intenção... Mallarmé acertou no ponto: é na intenção que está o supremo encanto de todos esses instrumentos frustros... O realejo, a gaitinha de boca... É verdade que existem os *virtuosi* da gaitinha de boca, mas atrevo-me a dizer que esses não sabem tocar... Gaitinha de boca bem tocada não é gaitinha de boca. E outra coisa: falta-lhe o poder de sugestão, a graça melancólica do inatingido...

E havia, nos pátios da minha meninice, um outro instrumento, o mais humilde de todos, tão humilde que nem chegava a ser um instrumento... Mas, por isso mesmo era tão da gente que não se queria outro... E fico a lembrar o negrinho Filó; era um artista no pente.

Germinal

Planto
com emoção
este verso em teu coração.

Vivências

Os muros gretados são muito mais belos que os muros lisos.

Souvenir d'enfance

Minha primeira namorada me escutava com um ar de
                              [cachorrinho Victor:
todas aquelas minhas grandes mentirinhas eram verdades
                                        [para ela...
Para mim também!

Depoimento

"Cessou o jorro das fontes"
— anotou aquele velho escriba em suas tábuas
e mal sabia ele que essa era a maior História
da invasão de Roma pelos bárbaros.

Gestos

A mão que parte o pão
a mão que semeia
a mão que o recebe
— como seria belo tudo isso se não fossem
os intermediários!

O morador distante

Sempre me deu vontade de morar numa dessas antigas ruazinhas pintadas numa tela. Se, porém, me mostrassem o original, ficaria indiferente, creio eu. Dizeres que no mundo da tela não há poluição sonora etc. seria um motivo demasiadamente óbvio. Que há lá tranquilidade, há. Mas tranquilidade eu consigo em certas horas aqui mesmo, em certas casas à prova de crianças. Verdade que é uma tranquilidade intermitente — por isso mesmo ótima. Não é como essa tranquilidade dos campos — contínua, anestesiante. E, depois, vocês nem imaginam como o gado é contagioso! A gente chega a ter medo de ficar mugindo...

Bem, no que estava eu ruminando? A ruazinha aquela! Me lembro especialmente de uma tela de Sisley. Por que Sisley? Porque, na minha provinciana adolescência — época em que a gente devorava a vida através dos livros —, eu me deliciava na Biblioteca Pública do Estado com as revistas de arte à disposição do público: *Art et Décoration, Die Kunst, L'Art Vivant, Le Crapouillot* — são as que me lembram agora. De modo que, se não cito nenhum pintor nacional, como alguns reclamariam, a culpa não é minha. Aquele recolhimento fervoroso entre os livros — menos os de estudo — foi a época mais viva que eu tive, antes que a vida propriamente dita me pegasse, me rolasse, me não sei o quê. Daí se explica certo europeísmo encontradiço em meus poemas: aqui uma referência à Condessa de Noialles, ali a Gertrude Stein (uma europeia, sim!), mais além à pintora Marie Laurencin. Não houve, pois, esnobismo. Nem me estou desculpando de coisa alguma. Estou apenas dando o depoimento de alguém da minha geração.

Ah, sim, a velha poesia...

Poesia a minha velha amiga...
eu entrego-lhe tudo
a que os outros não dão importância nenhuma...
a saber:
o silêncio dos velhos corredores
uma esquina
uma lua
(porque há muitas, muitas luas...)
O primeiro olhar daquela primeira namorada
que ainda ilumina, ó alma
como uma tênue luz de lamparina,
a tua câmara de horrores.
E os grilos?
Não estão ouvindo, lá fora, os grilos?
Sim, os grilos...
Os grilos são os poetas mortos.
Entrego-lhe grilos aos milhões um lápis verde um retrato
amarelecido um velho ovo de costura os teus pecados
as reivindicações as explicações — menos
o dar de ombros e os risos contidos
mas
todas as lágrimas que o orgulho estancou na fonte

as explosões de cólera

o ranger de dentes

as alegrias agudas até o grito

a dança dos ossos...

Pois bem

às vezes

de tudo quanto lhe entrego, a Poesia faz uma coisa que parece que nada tem a ver com os ingredientes mas que tem por isso mesmo um sabor total: eternamente esse gosto de nunca e de sempre.

Eis senão quando

Certo dia, pus-me a folhear o meu Guillaume Apollinaire, salteadamente, displicentemente, para matar saudades, mais de mim mesmo do que do poeta... Eis senão quando, descobri de novo aqueles belos versos:

"Notre Histoire est noble et tragique
Comme le masque d'un tyran."

Inspirando-me, então, por assonância, escrevi:

"Minha vida é trágica e ridícula
Como uma fita mexicana."

E, como viesse à baila o cinema mexicano, continuei o poema em espanhol, do que só se salvaram estes versos:

"Llenas estan mis praderas
De tristes lunas y vacas."

Digo que só se salvaram porque meu amigo José Lewgoy, o Anjo, gostou muito e muito e repetia e repetia:

"Imagine-se um friso com luas e vacas com luas e vacas, com luas e vacas!"

Estava ele visivelmente embriagado, embora não beba. Aliás isto de fazer poesia mural seria entrar nos domínios do sapo Diego de Rivera... Objetei-lhe então modestamente que a única coisa de definitivo que se havia dito sobre a vaca estava em Jules Renard; depois de dar os nomes, características e costumes dos diversos bichos de sua chácara, diz ele: "Chama-se vaca, simplesmente. E é o nome que lhe assenta melhor."

Em todo caso, aqui vai a minha contribuição para a vaca:

"Tão lenta e serena e bela e majestosa vai passando a vaca
Que, se fora na manhã dos tempos, de rosas a coroaria
A vaca natural e simples como a primeira canção
A vaca, se cantasse,
Que cantaria?
Nada de óperas, que ela não é dessas, não!
Cantaria o gosto dos arroios bebidos de madrugada,
Tão diferente do gosto de pedra do meio-dia!
Cantaria o cheiro dos trevos machucados.
O voo decorativo dos quero-queros,
Ou, quando muito,
A longa, misteriosa vibração dos alambrados...
Mas nada de superaviões, tratores, êmbolos
E outros troques mecânicos!"

Aliás, o que é que há contra a vaca? Como uma prova da sinceridade e falta de malícia dos poetas modernos, que se negam a reconhecer qualquer distinção convencional entre coisas "poéticas" e "não poéticas", eis aqui um poeminha que, por volta de 1930, nenhum jornal, nenhuma revista de Porto Alegre quis publicar e que agora insiro de contrabando no meio desta prosa:

"Ora, Maria, o meu mundo é de
temperaturas,
tensões
fulgurações.
Eu nada tenho a ver com os sentimentos humanos!
Por que que tu não és uma vaca, Maria?
Por quê?
Ficaria tudo muito mais simples e verdadeiro..."

Os invasores

Há muito que os marcianos invadiram o mundo:
são os poetas
e
como não sabem nada de nada
limitam-se a ter os olhos muito abertos
e a disponibilidade de um marinheiro em terra...
Eles não sabem nada nada
— e só por isso é que descobrem tudo.

Comunicação

... mas a Grande Mensagem
— quem diria?
era mesmo a daquele profeta que todos pensaram que
[fosse um louco
só porque saiu desfilando nu pelas ruas,
com um enorme cartaz inteiramente em branco...

Uma simples elegia

Caminhozinho por onde eu ia andando
e de repente te sumiste
— o que seria que te aconteceu?
Eu sei... o tempo... as ervas más... a vida...
Não, não foi a morte que acabou contigo:
Foi a vida.
Ah nunca a vida fez uma história mais triste
que a de um caminho que se perdeu...

Cinema

Mudaria o King Kong ou mudei eu? Esta sua nova versão não me impressionou como a primeira. Pelo contrário, achei o macacão por demais parecido com a Rachel Welch: a mesma boca quadrada, os olhos fundos, os gestos mecânicos. E depois, o colorido de cartão-postal nos rouba qualquer sensação de assombro. Quando é que os diretores de filmes descobrirão que os pesadelos são em preto e branco? Imagine-se o Frankenstein (aquele maravilhoso monstro da primeira versão) todo pintado como uma corista de antigo café-concerto. Faria rir. Pois um dos velhos processos da arte circense é apresentar os palhaços maquilados em cores berrantes.

É de admirar todo o efeito conseguido pelo primeiro King Kong com os poucos recursos técnicos da época. Emendo a boca: não é de admirar, porque a grande arte sempre foi alcançada com os meios mais simples; o resto é truque — uma técnica tanto mais ingênua quanto mais avançada, ou sofisticada, conforme hoje se diz.

Como sabem todos os meus detratores, sou um amador de filmes de vampiros. Não perco nenhum. Nem adianta alegarem que é tudo a mesma coisa: o que eu vou ver e comparar são as variações de um mesmo tema. Assim, por exemplo, como quem coleciona sonetos de amor. Que mesmice! — dirão... Mas eis que de repente descobrimos Florbela Espanca, que escrevia exclusivamente sonetos, e unicamente sonetos de amor, o qual — no caso dela — nos parece um sentimento novo. Não resvalemos, porém, para a poesia, embora todas as artes sejam manifestações diversas da poesia. O que eu ia dizer é que, dentre esses filmes daquele gênero, ainda o melhor me parece *Nosferatu* — exatamente, e por isso mesmo, o mais antigo deles.

E em matéria de horror, onde é que andarão, como se conseguirão cópias dos filmes do velho Lon Chaney? Há muitos anos que desejo um reencontro com o Fantasma da Ópera.

E tu, leitor, não vejas nisto um sentimento mórbido. Em teu mundo, neste mundo, há mais horror do que nessas minhas velhas histórias, mas é um horror em bruto, não sublimado pela arte.

Um poema anacrônico

Fosse eu Ditador por 24 horas
logo proclamava o estado de guerra o estado de sítio
                        [o estado de coma o diabo
só
para acabar com os ases do volante
e mais
(segue-se uma lista de 12 ou 13 indiciados que a
                        [Censura cortou)
— ó gentes!
neste mundo de truques mecânicos
tão vulgarmente coisado
o remédio é ler noite adentro as liras
    de Tomás Antônio Gonzaga
e depois
se a TV do vizinho deixar
(ele estava na lista)
sonhar com landós, tílburis, pitangueiras, burrinhos de
                        [todas as cores, anjos...
Não me venhas dizer que os anjos são supersônicos:
eles voam em câmara lenta.
Mas agora não pousam nem nos sonhos da gente...
O agitado sonho dos homens os espantou!

Esperas e surpresas

Num interlóquio com Marisa Pires, disse-me ela que só gostava de poemas com rimas porque "a gente já ficava esperando com água na boca" o que viria depois... e, tendo eu, para manter o papo, adotado a tese contrária, acabamos ficando cada um com a sua opinião e também com a do outro. O que está "absolutamente certo!" — como lá diziam os antigos locutores.

Porque na verdade esta vida só tem dois encantos: o previsto e o imprevisto.

Um exemplo da curtição do primeiro. Despertar e ficar um momento de olhos fechados — sabendo que existe a luz. E no entanto verás, ao abrir os olhos, que é como se fosse uma revelação... Quanto ao imprevisto, pela sua própria natureza, é-me impossível sugerir-te exemplos: deves tu mesmo procurá-los na memória.

Mas ouso afirmar que, mesmo para o poeta que está fazendo um poema rimado, a rima ainda é ou pode ser um imprevisto. Com exceção desses que rimam "Meu Deus!" com "os olhos teus". Sim! os olhos teus — coisa esta que ninguém diz no pleno uso de suas faculdades, mas tão encontradiça nas modinhas, inclusive as do grande Catulo, o da paixão brasileira.

Ora, voltando às revelações da rima, me lembro de que, ao ler pela primeira vez a *Balada dos enforcados* de François

Víllon, e ao notar que a rima seria do princípio ao fim em "oudre" — rima rara em francês — e que aparentemente só lhe faltava o verbo "coudre", senti um mal-estar, mas o poeta saiu do aperto dizendo que os enforcados, expostos ao ar e às bicadas dos pássaros, estavam "tout bécquetés comme des dés à coudre" — isto é, picotados como dedais.

E eis como um poeta da sua alta laia nos dá uma verdadeira surpresa com uma rima para lá de esperada.

Uni-versos

"Naître, vivre et mourir dans la même maison" — este belo verso, tão obviamente doloroso para alguns, não é de Baudelaire, como me parecia quando uma vez precisei citá-lo. Desconfio agora que é de Sainte-Beuve. Alguns dos meus leitores velhos talvez pudessem esclarecer-me. Isto porque os novos não leem francês. É que eles, em consequência da última Guerra Mundial, abandonaram a luz mediterrânea, não pelo *fog* londrino, mas pelos tremeluzentes letreiros de Los Angeles. Ora, aquela simples linha de doze sílabas métricas bastaria para conservar o nome de um poeta, como creio que, de Mallarmé, os saturados leitores do século XXIII haverão de guardar ao menos este verso: "La chair est triste — hélas! — et j'ai lu tous les livres." Pois, a continuarmos na pressa em que vamos, os antologistas do futuro recolheriam de cada poeta apenas algumas palavras. Que mais queres? A bom leitor, uma linha basta.

Crime & castigo

O remorso é quando o filme (silencioso) da memória põe-se a repetir a mesma cena e fica o pobre ator a representá-la para sempre.

Um exemplo? Aí vai ele. É um simples faz de conta: não te assustes. Estás à cabeceira da tua velha tia Filomena e eis que resolves apressar-lhe a herança. Tinhas de dar-lhe cinco gotas de meia em meia hora e dás-lhe cinquenta de supetão. Ora, o que vês na tela implacável é a contagem das primeiras gotas inocentes... e agora não podes, não podes nunca mais parar!

Será isso o inferno? Esse inevitável mecanismo de repetição?

Em todo caso, todos já devem estar mais ou menos preparados para esses requintes infernais, graças àquele famoso disco em que o cantor repete umas 37 ou 38 vezes, sem ao menos variar de entonação: — Eu te amo! Eu te amo! Eu te...

Neste ponto, um anjo segreda-me sonsamente ao ouvido:

— Mas quem sabe se a gravação não estará com defeito?

Cautela!

Há dois sinais de envelhecimento. O primeiro é desprezar os jovens. O outro é quando a gente começa a adulá-los.

Paz

Os caminhos estão descansando.

Mobral

Só nos muros das velhas cidades
desenham-se hieróglifos.
Só na parede de quartos solitários,
mais do que no festim de Baltasar,
aparecem mensagens.
Dizes que é da umidade? Deixa de positivismo!
A umidade é um meio de escrita como outro qualquer.
Tu, que apenas conheces as 23 ou 25 letras do alfabeto,
não sejas tão lógico... Escuta a leitura do Poeta!

Um pé depois do outro

Há gente que gosta de escalar o Everest — uma paranoia como outra qualquer. Mas sou insuspeito para mandar contra, em vista da modéstia de minha própria mania. A qual consiste em descobrir ruazinhas desconhecidas. Como se vê uma mania bastante chão. Sérgio de Gouvêa e eu éramos peritos nisso. Descíamos num fim de linha e, quando nos sorria a perspectiva, enveredávamos por qualquer rua transversal. Nunca nos importou o nome da rua, porque estávamos fazendo descobrimentos e não turismo e, além disso, não constava de nossas intenções colonizar aquelas terras incógnitas nem mais lá voltar. Éramos uns Colombos completamente desinteressados. Naquele tempo as pessoas costumavam reparar umas nas outras e os aborígines nos fitavam com um olhar de quem indaga: "Quem serão esses?" Bem, saciados os olhos nas paisagens suburbanas, sucedia-nos às vezes também descobrir um bar, geralmente de esquina, onde saciávamos a sede. Só não saciávamos os assuntos, sobremaneira metafísicos — o que deve deixar espantados os pragmáticos de hoje.

Depois, vínhamos andando de volta pelo trajeto do bonde, até cansarmos, quando então tomávamos o dito e às vezes nos sucedia caminhar até o centro, nos dias de melhor forma. Por essas andanças domingueiras, nós nos julgávamos peripatéticos. Qual nada! Éramos apenas precursores do Método Cooper. Só tem que em câmara lenta.

Silêncio

Uma das conquistas do cinema sonoro foi a descoberta do silêncio — o silêncio de quando se espera ou se imagina uma coisa.

No tempo do silencioso, ignorava-se o silêncio: havia sempre nas salas de projeção o pano de boca da orquestrinha, como hoje o pano de fundo musical.

Me ocorre tudo isso ao ver *Frenesi*, o último filme de Mestre Hitchcock, que, Deus o abençoe, não criou mofo com a velhice.

Há, neste filme, uma esquina terrivelmente silenciosa, sem ninguém. E uma escada deserta, por onde sente-se que o silêncio vai subindo. Um truque da objetiva, sim, mas pura magia do Mestre.

Aliás, o silêncio é que torna tão impressionante — tão de outro mundo — uma rua numa tela. Que torna tão encantadoras as crianças daquelas cenas familiares pintadas pelo velho Renoir. E mesmo lendo-se um romance, ouvindo-se um drama — nós o fazemos em um silêncio de almas desencarnadas, isto é, quando nós vemos livres de nós mesmos. Esse, o milagre da arte.

E, diante disto, bem se poderia dizer que toda a arte é feita de silêncio — inclusive a música.

Conto do tresloucado

Não adiantava colocar os retratos contra a parede para que não vissem nada... Que ficariam eles a imaginar? Na certa, o pior possível, como de costume.

Vai daí, então, ele furou os olhos dos retratos. Ele furou cuidadosamente os olhos de todos os retratos. Pronto! Agora, ninguém mais para espionar os seus mínimos atos...

Um suspiro.

E desistiu, mais uma vez, do "tresloucado gesto".

Noturno

O cão está ganindo para a lua. Romantismo? Pura azia... — alguma daquelas abomináveis gulodices de festas de casamento abocanhada numa lata de lixo.

A lua, essa continua sonâmbula como sempre. Ela não sabe, a eternamente virgem, das titiquinhas que por lá deixaram uns escafandros do ar; ela não sabe, ela nunca soube das serenatas que — ainda e sempre e semprerão — cantam-lhe aqui da terra os poetas por demais meninos e os poetas muito velhos.

Ela não sabe, a eternamente inédita, que cada encontro seu é como um assalto na esquina... e, no entanto, é como se a gente topasse cara a cara com a própria alma!

Nostalgia

Esnobe? Nem por isso... Mas eu gosto é de filmes com cristais e duquesas. E com grandes lustres devoradores de reflexos. Ali onde a alegria cabe apenas num sorriso. E onde a tristeza é apenas uma valsa lenta.

As partezinhas

Num remoto verão ouvi uma cozinheira consultando o farmacêutico da esquina, a propósito de sua filhinha de meses:

— Ah, seu Lotário, nem queira saber. A toda hora eu ponho talco nas partezinhas dela... Não adianta! O senhor não poderia me arranjar alguma outra coisa?

Mas que diplomacia de linguagem — refleti —, que respeito aos ouvintes e, principalmente, à criaturinha em questão!

E que haveriam de pensar daquela grossa comadre certas mulheres finas de hoje? As quais, por um esnobismo às avessas, tentam falar como elas pensam que fala o povo. Ora, o povo é mais refinado...

A minha vida foi um romance

"A minha vida foi um romance", diziam, depois de uma pausa e um suspiro, aquelas velhinhas que apareciam antigamente nos lares a vender rendas e bordados. Não sei por que os de casa desconversavam. Por sinal que anos depois escrevi, para as consolar postumamente, um poema que começava assim: "Minha vida não foi um romance"...

Não, a vida nunca é um romance: falta-lhe o senso da composição, o crescendo que leva ao clímax. Tudo acontece tão sem lógica e sem preparo que os seus golpes nos deixam atônitos mas de olhos secos, como se fôssemos heróis, nós que enxugamos furtivamente os olhos no escuro das salas dos cinemas — só porque o diretor do dramalhão soube desenrolar devidamente o filme.

Leituras secretas

No Céu, os Anjos do Senhor leem poemas às escondidas... Os livros de poemas são os livros pornográficos dos anjos.

Ingenuidade

Mas que monótona não deveria ser a vida amorosa de Don Juan! Ele pensava que todas as mulheres eram iguais...

Os olímpicos

Escusado dizer a um bom poeta que os seus versos não prestam: ele não acredita. Em compensação, se disseres a mesma coisa a um mau poeta, ele também não acredita.

O que chegou de outros mundos

Tenho uma cadeira de espaldar muito alto
para o visitante noturno
e, enquanto levemente balanço entre uma e outra vaga
                                       [de sono,
ei-lo
— O que chegou de outros mundos —
ali sentado e sem um movimento.
Talvez me olhe como se eu fora a branca estátua derribada
de um deus.
Talvez me olhe como a uma forma já ultrapassada
(que tudo o seu espanto e imobilidade pode dizer).
E eu
então
— ele ainda deve estar ali! —
levanto-me e vou cumprindo
todos os meus rituais.
Todos os estranhos rituais de minha condição e espécie.
Religiosamente. Cheio de humildade e orgulho.

Zoologia

Riem de seu patético desengonço,
sua aparência de inacabamento
mas ninguém descobriu que esse estranho avestruz
é apenas
um pobre bicho que ainda está crescendo...

Passarinho

Sempre me pareceu que um poema era algo assim como um passarinho engaiolado. E que, para apanhá-lo vivo, era preciso um meticuloso cuidado que nem todos têm. Poema não se pega a tiro. Nem a laço. Nem a grito. Não, o grito é o que mais o mata. É preciso esperá-lo com paciência e silenciosamente como um gato.

Ora, pensava eu tudo isso e o céu também, quando topo com uns versos de Raymond Queneau, que confirmam muito da minha cinegética transcendental. Eis por que aqui os traduzo, ou os adapto e os adoto sem *data venia*:

Meu Deus, que vontade me deu de escrever um poeminho...
Olha, agora mesmo vai passando um!
Pst pst pst
vem para cá para que eu te enfie
na fieira de meus outros poemas
vem cá para que eu te entube
nos comprimidos de minhas obras completas
vem cá para que eu te empoete
para que eu te enrime
para que eu te enritme
para que eu te enlire

para que eu te empégase

para que eu te enverse

para que eu te emprose

vem cá...

Vaca!

Escafedeu-se.

Está na cara

Uma cara é algo que reconhecemos à primeira vista mas é dificílimo ou impossível descrever traço a traço. Porque a memória é instantânea. Não lhe peçam explicações. Seria como pedir a um relâmpago que nos desse uma exibição em câmara lenta.

E da mesma forma que dizemos na rua: "Olha o Fulano!" — a gente logo exclama ao folhear um álbum:

"Olha um Renoir! Olha um Van Gogh! Olha uma Tarsila!" E assim também se nos dizem um poema: "Mas isto só pode ser da Cecília, do Lorca, do Apollinaire!"

Porque o estilo é a cara.

Lá pelas tantas

Lá pelas tantas anotou Jules Renard no seu diário: "Já não posso morrer jovem." Aliás, a única vantagem de embarcar cedo é que mais tarde diriam: "Meu Deus, com todo aquele talento, o que ele não teria feito!" Assim, morrer jovem não deixa de ser no mínimo uma boa desculpa.

Mas o que eu queria dizer, meu velho Renard, não era bem isso. O que eu queria dizer é que na verdade todos morrem jovens, porque andam preocupados com isso ou mais aquilo, querendo isto ou aquilo, estão na vida e no mundo. Isto é, ainda nesta vida e ainda neste mundo.

E se acaso você, leitor, tiver setenta anos, digamos, ponha a mão na consciência... e verá que só considera velhos, mesmo, os que têm um ano a mais que você.

O inominável

O eu nem nome tem. O meu nome, diz ele, é João. E daí? É como se dissesse o meu nariz, os meus óculos, o meu par de sapatos.

Este eu irredutível é o que existe de mais impessoal portanto, mais vasto e mais profundo — o assunto primeiro e último dos poemas, o campo de batalha dos anjos.

O resto é a pessoa ocasional, isto é, o indivíduo a quem emprestaram o nome de João, que comprou um par de sapatos, que usa óculos e se julga dono do próprio nariz.

Depois de tudo

Acusarem um poeta de ser egoísta é acusá-lo de ser ele mesmo.

Que horas são?

Comecei a escrever este poema às 12h23min de 12 de agosto
[de 1974
Os pesquisadores não querem outra vida
Eles morrem por dados
— mal sabem que a vida é um incerto e implacável jogo de
[dados...
E eu tanto que desejava que minha biografia
terminasse de súbito
simplesmente assim:
"Desaparecido na batalha de Itororó"!
(Desaparecido? Meu Deus, quem sabe se ainda estou vivo?!)

Ironia e humor

A ironia tem algo de desumano. Ainda mais com aquele ar de superioridade, mesmo que se trate de um Eça, cujo estilo o salvou. E quando digo estilo quero dizer o homem. Em Anatole France, nem isso: sua prosa era um pastiche dos clássicos; seu ceticismo, uma atitude. Tudo porque acabo de descobrir no diário de Jules Renard esta frase tão humana: "Só se tem o direito de rir das lágrimas depois que já se chorou." Isto, agora, já não é ironia: é húmor. E, a propósito, a melhor discriminação que encontrei entre uma coisa e outra foi em Louis Latzarus em sua biografia de Rivarol: "A ironia é o espírito à custa dos outros; o humor é o espírito à custa própria."

P.S. — Neste agá, que vale pelas citações, verdade seja dita, usei a grafia "húmor", proposta por Sud Menucci, como equivalente do "humour" britânico, num seu agudo e hoje infelizmente inencontrável ensaio publicado pela antiga Editora Monteiro Lobato. Mas um problema ainda resta: essa vaga designação de humoristas e humorismo — que, por exemplo, no mesmo saco de gatos, mistura Machado de Assis e Léo Vaz, tão finos, com Mark Twain, um grosso.

A poesia é necessária

Título de uma antiga seção do velho Braga na Manchete. Pois eu vou mais longe ainda do que ele. Eu acho que todos deveriam fazer versos. Ainda que saiam maus. É preferível, para a alma humana, fazer maus versos a não fazer nenhum. O exercício da arte poética é sempre um esforço de autossuperação e, assim, o refinamento do estilo acaba trazendo a melhoria da alma.

E, mesmo para os simples leitores de poemas, que são todos eles uns poetas inéditos, a poesia é a única novidade possível. Pois tudo já está nas enciclopédias, que só repetem estupidamente, como robôs, o que lhes foi incutido. Ou embutido. Ah, mas um poema, um poema é outra coisa...

Perguntas & respostas

Paciente que sou de entrevistas, muita vez atendo a perguntas das mais estapafúrdias.

— Por que está escrevendo à mão? Por que não usa a máquina?

— Porque o tic-tic, o toc-toc ou o pue-pue da máquina me picota a cuca.

As entrevistadoras (eram umas menininhas) gostaram do estilo. Foi de propósito. Especialmente para elas.

Não que eu seja do tempo da pena de pato, contemporânea do punho de rendas. Buffon não podia escrever sem punho de rendas, creio que em atenção ao leitor. No entanto, o pessoal de hoje parece que tira as calças para escrever. Também em atenção ao leitor. Sinal dos tempos.

Outra pergunta, às vezes feita por consulentes mais crescidas:

— Mas por que o senhor não casou?

— Porque elas fazem muitas perguntas.

Mas estas são indagações inocentes. De colegiais. Em certas épocas, entrevistadores profissionais dão para fazer, todos eles, insinuações marotas:

— A poesia deve alienar-se dos problemas sociais?

— Calma, calma! Peço licença para observar-lhes que o velho Karl Marx só escrevia poemas de amor...

Aí, o cara embatuca. Muito obrigado, meu velho Marx.

Aliás, isto é que é mesmo um sinal dos tempos.

Esses computadores, que só conhecem o sim e o não, vivem a impor-nos opções binárias. Se você não é branco, é preto; se você não é grego, é troiano; se não é da esquerda, é da direita. Onde "a encruzilhada de um talvez", como dizia o hoje tão esquecido Euclides da Cunha?

Pelo visto, somos uns robôs totalitários. Isto é, desconhecemos as dúvidas e as nuanças, antigos signos da inteligência.

Golpe de Estado

Essas bizantinices e complicações estão a pedir um golpe de Estado. Por causa delas é que alguns estudantes acham "difícil" o português, isto é, a língua em que eles, com toda a facilidade, acabam de me fazer essa estranha confissão. Mas se o português é tão difícil assim, retruco-lhes, como é que vocês o estão falando? Aí eles arregalam os olhos, como se tivessem descoberto a pólvora.

Embora não tão assustadoramente como hoje, também no meu tempo o português era "difícil" — uma espécie de casuística, e por isso mesmo pervertia a alma e o gosto, como acontecia aos que costumavam então assistir aos debates no júri; tanto assim que li com supremo gozo a *Réplica* de Rui Barbosa e, até os dezessete anos, procurei como um louco, mas em vão, a *Tréplica* de Carneiro Ribeiro...

Por essas e outras coisas, confesso que aprendi a gramática francesa com mais facilidade do que a gramática da minha língua. É que a gramática francesa não tinha gramatiquices. Era pão pão, queijo queijo. Agora que infelizmente não mais se aprende nem se lê francês, aqueles mesmos estudantes acham que o inglês, este sim, é uma língua fácil. Pudera não! Como está tão codificado como o francês, o inglês não dá ensejo a hesitações. Não se extravia perplexo, entre a Virtude e o Pecado, quero dizer, entre "o certo" e "o errado". O inglês não tem casos de consciência.

Diante disto, o golpe de Estado que prego e preconizo é a decretação de uma Gramática Oficial.

Ora, direis, mas os gramáticos...? Ah, sim, os gramáticos! Mas desde que façam voto de simplicidade e portanto de clareza. E elaborem em conjunto um manual básico, acessível a todos, nada mais que com as regras essenciais da nossa língua — essas poucas mas sagradas regras cuja transgressão é verdadeiramente um ato subversivo.

A eternidade está dormindo

A Eternidade está dormindo: o seu segredo é esse, por isso nunca morre...

Às vezes sonha as guerras, pesadelos que vivemos no tempo.

E, como o tempo não tem tempo nem para folhear o álbum de família, tudo pode acontecer: Tamerlão, Alexandre, Hitler... E nós sempre vamos na onda, pois nunca ninguém pôde adivinhar o novo pseudônimo do Papão do Mundo. Nunca se sabe...

O que vai ser, meu Deus?!

Serão as multinacionais, os emirados árabes, os Lions Clubes, a solerte infiltração das múltiplas religiões asiáticas? Pois já disse o Diabo certa vez, na Bíblia: "O meu nome é Legião."

Portanto, poeta, não te filies a nada, muito menos às escolas poéticas. Evita, principalmente, as academias de letras, tanto as provincianas como a academia-mãe: nunca se sabe...

Faze no teu cantinho o teu poeminho. Esse absurdo de sempre existirem poetas apesar de tudo — deve significar alguma coisa...

Deve ser o fio de vida que vai unindo, pedaço a pedaço, essa colcha de retalhos que é a história do mundo.

Do primeiro ao quinto

I

A nossa vida noturna passa-se no fundo do mar.

II

O sol, gato amarelo, salta a janela e fica, imóvel, sobre o meu tapete.

III

Sempre há uma vantagem em se ficar gagá: é que a gente diverte os amigos e parentes. Mas a melhor maneira de sublimar a coisa é escrever festejadíssimos poemas para as revistas de vanguarda.

IV

No fundo, a verdadeira oração é rezar sem fé. Nem há nada que mais comova o Senhor dos crentes.

V

Sempre que alinho uns apontamentos esparsos, nunca falta um João que me pergunte o que tem uma coisa com outra. É o mesmo que, vendo alguém no campo uns animais, indagasse atônito: mas que tem uma vaca com um cavalo, um cavalo com uma ovelha, uma ovelha com uma lagartixa, uma lagartixa com um avestruz?

Qualquer menininho sabe que não há nada mais natural do que isso.

Só tem que, no meu campo de criação, aparecem por vezes hipogrifos...

Motivações

Tinha eu um amigo, o Simplício, o qual sempre dizia ao saber que alguém metera uma bala nos miolos:

— Ué! por que é que ele não pôs o revólver no prego?

Para ele, a razão óbvia só podia ser a falta de dinheiro — pois isso se passava naqueles áureos tempos de miséria estudantil.

Anos após, chegaríamos ambos a esse lugar-comum de que dinheiro não traz felicidade, coisa um tanto discutível como quase todos os ditames da sabedoria popular. Aliás, já escrevera um poeta: "O dinheiro não traz ventura, certamente./ Mas na verdade vos digo:/ sempre é melhor chorar junto à lareira quente/ do que na rua ao desabrigo..."

Não, não estou brincando com as desgraças alheias: eu só brinco com as minhas.

Nunca achei tampouco que se deveria glosar tal coisa. Tanto assim que certa vez duas moças me abordaram na rua:

— É só uma pergunta. Estamos fazendo uma pesquisa. O que é que o senhor acha do suicídio da Marilyn Monroe?

— Não tenho competência para tratar do assunto, porque eu nunca tive a coragem de me matar.

Uma justificativa? Qual nada! Sempre desconfiei desses escritores apologistas do suicídio mas que jamais recorrem ao único argumento válido, com o seu próprio exemplo.

A única opinião, aliás, que me veio a esse respeito foi depois de uma casual conversa, quando íamos pela rua da Praia, o dr. Vidal de Oliveira e eu. Estávamos em 1941. Acabara ele de traduzir *O drama de Jean Barois*. Ora, essa novela do autor de *Os Thibault* focalizava o Caso Dreyfus, que enchera durante anos os romances franceses, rivalizando em insistência com o Caso do Colar da Rainha do tempo dos folhetinistas românticos. Aquele grande escritor já vinha tarde. Pois bem, perguntou-me o saudoso amigo:

— Que tal achaste o Jean Barois?

— Chato!

Ele, que adorava o livro, parou, indignado:

— Mario! Por que tu não te matas?

— Não posso, eu quero ver no que vai dar esta guerra. Quero ver o que será do Hitler, o que será do Mussolini... o que será de nós.

Pois só após esse diálogo histórico (estávamos em pleno bombardeio de Londres) é que acabei dizendo para os meus pobres botões: sim, o suicídio só pode ser uma falta de curiosidade, uma grande falta de curiosidade...

A terra

As fronteiras foram riscadas no mapa,
a Terra não sabe disso:
são para ela tão inexistentes
como esses meridianos com que os velhos sábios a
[recortaram
como se fosse um melão.
É verdade que vem sentindo há muito uns pruridos,
uma leve comichão que às vezes se agrava:
ela não sabe que são os homens...
Ela não sabe que são os homens com as suas guerras
e outros meios de comunicação.

Geometria

O que mais se aproxima de um triângulo é um atleta de circo.

Camuflagem

A hortênsia é uma couve-flor pintada de azul.

A viagem impossível

Com a manobra altista dos árabes, o que nos tira as últimas esperanças é como devem estar caríssimos os tapetes voadores...

Retratos

Lendo o *Journal* de Renard. A mãe era terrível. E o seu perfil foi escrito com ácido. Em contrapartida, tinha a sua mulherzinha — sempre paciente, jeitosa, compreensiva... Talvez lhe houvesse ele favorecido o retrato. Ele, o olho fotográfico, que sempre buscou a verdade *malgré-tout*, teria caído em tal fraqueza para obter uma compensação na vida? Pois, se até aos leitores a pobre Marinette consegue irritar com a sua bondade inalterável, imagine-se ao marido, velho catador de defeitos nos outros e em si mesmo...

Dona Santinha

Ela é uma santa! — diziam as velhotas a propósito de Dona Santinha, sem atentar no engraçado da redundância, mas, em compensação, depois de uma piedosa pausa para suspirar — vá ronca no marido! Um grandessíssimo sem-vergonha, sempre atrás de um rabo de saia...

Já naquele tempo eu não entendia bem aquela santidade compulsória, só porque o marido era o diabo. Para mim, toda a santice dela estava nos doces que me dava sem mesquinheza, quando eu ia a recado à sua casa, visto que os fazia para vender.

Dona Santinha foi também o meu primeiro defunto. Fui lá por pura curiosidade, Deus me perdoe, porque ainda não tinha visto ninguém morto. Mas diga-se em meu abono que não sou um desses que vão espiar — para quê? — a cara de quem está indefeso. Não gosto de ver um morto "ao vivo". E, nos velórios, sempre me deixo estar numa sala próxima, num corredor, na porta.

Porém, naquela minha estreia, lá estava eu sentadinho à cabeceira do caixão, calado, com receio de demorar muito o olhar naquele rosto gordo, sereno, tranquilo (Coitada! Descansou! — diziam de tempo em tempo as tias suspirosas) e admirando-me de que houvesse gente a cuidar de seus assuntos, até rindo baixinho. Flores e flores emurchecentes pareciam cobrir tudo. E eu sentia um cheiro que até então desconhecia. De súbito lembrei-me de certa frase de meu livro de leitura: "Morreu em odor de santidade." Fiquei desconfiado. Teria a santidade um odor enjoativo? Talvez fosse das flores... No entanto, aquele cheiro era também adocicado. E pensei nos seus doces. Senti um engulho e uma lágrima. Saí porta fora e durante uma semana não quis saber de sobremesa, com grande espanto das velhas tias, que me sabiam guloso.

    Ainda o sou. Mas, hoje, quando saboreio um quindim, um doce de coco, um figo cristalizado, sinto neles o gosto dos que me dava Dona Santinha, com aquele claro sorriso de mãe de todos. Que Deus a tenha! Acho que era mesmo uma santa...

O tempo e os tempos

Na idade em que eu fazia umas ficções — é o termo — um dia o Erico me disse, naquela sua maneira discreta e indireta de dar conselho: deve-se escrever sempre no presente do indicativo, dá mais vida à ação, às personagens, o leitor se sente como uma testemunha ocular do caso.

Trinta e seis anos depois, o crítico Fausto Cunha notou a preferência, em meus poemas, pelo pretérito imperfeito. Por quê? Não sei, mas deve ser porque o tempo passado empresta às coisas um sabor definitivo, esse misterioso sentimento de saudade com que a gente olha uma cena num quadro de Renoir, um Anjo ou uma Vênus de Botticelli. Sem escusar-me, eu diria que o pretérito imperfeito não é um tempo morto: é um tempo continuativo...

Porém, deixemos de bizantinismos e voltemos ao Erico. Confesso-lhe que sempre penso nele no presente do indicativo. Ele está aqui, tão presente que nem dá tempo para a saudade. Como também estão comigo o Augusto Meyer, o Telmo Vergara, a Cecília...

Puxa-puxa

O que há de errado nas novelas de TV é que os amores, os ciúmes, os ódios, os sentimentos são muito compridos... esticados que nem puxa-puxa... quando na vida real não há tempo para isso — mas é por isso mesmo que os espectadores as adoram.

Uma frase para álbum

Há ilusões perdidas mas tão lindas que a gente as vê partir como esses balõezinhos de cor que nos escapam das mãos e desaparecem no céu...

Memória

Minha memória é um *puzzle*: onde colocar essa esquina, esse olhar, aqueles dois pares de cotovelos na mesa quando Sérgio e eu "descobrimos" séculos depois de Aristóteles as civilizações sepultas nas lendas, de quem aqueles joelhos juntinhos onde a mão se insinuava insistente, onde e quando e por que esse cheiro bom de terra úmida, que diabo queria eu dizer com esta frase achada num caderno antigo: "Hoje é o dia mais infeliz da minha vida"? O que eu não daria para sofrer de novo isso! Não, o melhor é compor uma sinfonia multissensorial com o teu riso, com teu ressuscitado riso, ó Gabriela, alinhavando tudo.

Instabilidade

Muita vez me entretenho em reconstruir de memória a nossa antiga casa paterna. Deixo-me estar no caramanchão, com sua mesa de pedra apanhando o sol coado pelas trepadeiras. Quanto aos longos corredores, será melhor que os evoque de noite, quando, no escuro do quarto, fico a imaginar que a noite de agora está cobrindo ainda a velha casa.

Sim! nesta época de grandes transformações arquitetônicas, a nossa alma teimosa continua morando nessas casas-fantasmas.

Reconstruíram a cidade antiga, mas esqueceram-se de reconstruir as nossas almas. Daí, a instabilidade contemporânea.

Porque não somos contemporâneos de nós mesmos. Porque, hoje, só podemos dizer com saudade aquele belo verso de Sainte-Beuve:

"Naître, vivre et mourir dans la même maison..."

P.S.

Este verso, é a segunda vez que o cito neste livro.

Mas não há motivo para pedir desculpas. Muito pelo contrário.

Da observação indireta

Não acredito em observação direta. Observação direta é reportagem — o lamentável equívoco dos naturalistas. Flaubert descrevia o vestuário de seus personagens — coisa que ao homem comum pouco importa. Ponha o leitor a mão na consciência ou no olho e veja se recorda hoje a cor do casaco da pessoa com quem falou ontem, ou no caso de um primeiro encontro, se o homem usava óculos ou tinha um bigodinho. Talvez eu esteja gabando minha deficiência. Confesso-me tão mau observador que, um dia destes, tendo sido depositado provisoriamente no quarto de banho do hotel um espelho de corpo inteiro, este, a quem nada escapa, revelou-me que eu não tenho uma coisa que todos têm, isto é: pelos nas axilas.

Ora, como a minha linguagem não é uma abstração algébrica, perguntarão como consigo escrever poemas, os quais, no seu estado mais puro, em vez de se expressarem por associações de ideias, expressam-se por imagens, figuras, coisas vistas... Mas foram vistas subliminarmente e depois, na montagem do poema, exsurgem num mundo mais real porque despojadas de acessórios insignificativos. Tanto assim que, dentre as coisas que mais agradaram a este escriba, está o testemunho de Donaldo Schüler: "M.Q. não cai nunca na facilidade do descritivo."

Ah, as descrições! O que muito concorreu para o seu descrédito foi o cinema. Para que "ler" uma cascata, agora que as podemos "ver"? Também o cinema acabou com isso de abrir portas para entrar. Quando a gente vê, o personagem já está lá dentro! Só nos filmes de faroeste, por natureza tão primitivos, é que o herói monta no cavalo e apeia do mesmo, como se não bastasse mostrá-lo em plena cavalgada. E, como agora o substituto do cavalo é o automóvel, por que raios temos ainda de ver o mocinho entrar no carro e depois descer? Cavalo ou carro, o primitivismo é o mesmo. Mas eu estava falando era na observação indireta, por sinal que há tempos o título de um de meus futuros livros era O Viajante Adormecido. Só não o utilizei pelo receio de que o chamassem O Leitor Adormecido. Foi, como se vê, uma fraqueza que não me perdoo.

A minha rua

É uma rua em que tenho o vício
De nunca entrar, e onde eu nunca entrei,
E que vai dar na Babilônia, eu sei,
Ou nalgum porto fenício...

Se eu lá entrasse, seria Rei
Ou morreria nalgum suplício...
Crimes que lá cometerei
Não deixariam nenhum indício...

Lá não se pensa, mas se responde
Conforme as rimas que um outro dá.
Exemplo: templo. É o templo onde

O senhor padre me casará
Com a linda filha de algum Visconde
Ou do Marquês de Maricá!

Leitura: redação

Esse Marquês de Maricá do compêndio de leitura dava-nos conselhos... compendiosos... — verdadeira chatice, aliás... como se não bastassem os conselhos de casa!

Felizmente para a turma, o resto não era nada disso, pois tratava-se da *Seleta em prosa e verso* de Alfredo Clemente Pinto, um mundo... quero dizer, o mundo!

Logo ali, à primeira página, o bom Cristóvão Colombo equilibrava para nós o ovo famoso e, pelas tantas, vinha Nossa Senhora dar o famoso estalinho no coco duro daquele menino que um dia viria a ser o Padre Antônio Vieira.

Porém, em meio e alheio a tais miudezas, bradava o poeta Gonçalves de Magalhães:

"Waterloo! Waterloo! lição sublime!"

Só esta voz parece que ficou, porque era em verso, era a magia do ritmo... e continua ressoando pelos corredores mal iluminados da memória. (Em vão tenho procurado nos sebos um exemplar da *Seleta*...)

Sim, havia aulas de leitura naquele tempo. A classe toda abria o livro na página indicada, o primeiro da fila começava a ler e, quando o professor dizia "adiante!", ai do que estivesse distraído, sem atinar o local do texto! Essa leitura atenta e compulsória seguia assim, banco por banco, do princípio ao fim da turma.

E como a gente aprende a escrever lendo, da mesma forma que aprende a falar ouvindo, o resultado era que — quando necessário escrever um bilhete, uma carta — nós, os meninos, o fazíamos naturalmente, ao contrário de muito barbadão de hoje. E havia, também, os ditados. E, uma vez por mês, a prova de fogo da redação. E tudo isso ainda no curso elementar. Pelo menos era assim em Alegrete. E é comovidamente que escrevo aqui o nome de meu lente de português e diretor do colégio, o saudoso professor Antônio Cabral Beirão.

Conto azul

A morte é tão antiquada
que sempre entra pela porta da rua
e sobe só pelas escadas.
Mandei pensando nisso fazer uma escada de caracol
para que ela chegasse tonta ao meu quarto
— coisa de rir!
Ela se deixaria então cair na primeira cadeira,
arfando...
Mas quem foi que disse que ela tem cara de caveira?
É uma simpática vovozinha.
Sorrio-lhe, do meu leito,
embora me sinta um pouco triste...
porque é bom estar para morrer
da mesma forma que é bom estar numa sala de espera
folheando revistas velhas...
É isto! Folheio essas estampas
de minha memória,
meio desbotadas...
Súbito, um lábio vermelho desenha-se entre elas
como se acabasse de ser traçado a batom!
O resto, é tudo no mesmo tom.
Espio, para variar, o azul do céu lá fora,

para onde estarão olhando outros que em breve terão alta.
As visitas do médico têm sido cada vez mais espaçadas e mais
[rápidas.
E sinto que em breve ele se cruzará no caminho com o padre:
"É a sua vez, agora!"
Qual! isso seria melodramático
que nem novela de tevê...
Na sua cadeira
a morte espera, paciente
(ela não é nenhuma assassina).
Ela deveria fazer tricô...
mas para quê? mas para quem?
Agora, uma asa paira no azul.
Paira no azul...
Não atribuas a isso qualquer intenção simbólica:
tudo é tão simples...
Aliás, eu me achava tão longe...
O que sempre salvou a morte (e a vida) da gente
é pensar em outras bobagens...

Coisas de índios

Os peles-vermelhas, com suas caras de pau, devem ser ótimos jogadores de pôquer. Creio que já o eram, mesmo muito antes da invenção do pôquer, muito antes de Colombo, a fim de despistarem os parceiros de negócio ou de política.

De cara mais aberta eram os nossos risonhos índios, aos quais nunca faltou o senso do humor. Nos bancos colegiais, quando estudávamos a história do Brasil, achávamos uma grande piada terem eles papado exatamente o Bispo Sardinha, tanto mais que este já portava os santos óleos.

Como estão vendo, uma natural irreverência de meninos, que Deus deve ter perdoado na mesma hora.

Atavismo

As crianças, os poetas e talvez esses incompreendidos, os loucos, têm uma memória atávica das coisas. Por isso julgam alguns que o seu mundo não é propriamente este. Ah, nem queiras saber... Eles estão neste mundo há muito mais tempo do que nós!

Caligrafias

Delícia de olhar, no céu, os v v v dos voos distanciando-se...

No princípio do fim

Há ruídos que não se ouvem mais:
— o grito desgarrado de uma locomotiva na madrugada
— os apitos dos guardas-noturnos quadriculando como um
[mapa a cidade adormecida
— os barbeiros que faziam cantar no ar suas tesouras
— a matraca do vendedor de cartuchos
— a gaitinha do afiador de facas
— todos esses ruídos que apenas rompiam o silêncio.
E hoje o que mais se precisa é de silêncios que interrompam
[o ruído.
Mas que se há de fazer?
Há muitos — a grande maioria — que já nasceram no barulho. E nem sabem, nem notam, por que suas mentes são tão atordoadas, seus pensamentos tão confusos. Tanto que, na sua bebedeira auricular, só conseguem entender as frases repetitivas da música Pop. E, se esta nossa "civilização" não arrebentar, acabamos um dia perdendo a fala — para que falar? para que pensar? — ficaremos apenas no batuque:
"Tan!tan!tan!tan!tan!"

O ovo

Na Terra deserta
A última galinha põe o último ovo...

Seu cocoricó não encontra eco...

O Anjo a que estava afeto o cuidado da Terra
Dá de asas e come o ovo.

Humm! o ovo vai sentar-lhe mal...
O OVO!

O Anjo, dobrado em dois, aperta em dores o ventre angélico.

De repente,
O Anjo cai duro, no chão!

(Alguém, invisível, ri baixinho...)

Apêndices

Sobre Mario Quintana

Nasceu em Alegrete, Rio Grande do Sul, no ano de 1906. Veio ao mundo em família de raiz urbana e escolarizada. Seus avós, tanto o paterno quanto o materno, eram médicos. Seu pai era um dono de farmácia que lia em francês para os filhos ainda crianças.

Aos 13 anos, vai para Porto Alegre, estudar no Colégio Militar como aluno interno. Entre idas e vindas, acaba não terminando o colegial, apesar de ser leitor voraz e frequentador da Biblioteca Pública. Quando sai do colégio, aos 17 anos, não tem diploma, mas já se inicia na vida literária porto-alegrense, mesmo quando volta a morar em Alegrete, no ano seguinte. Em 1926, um conto de sua autoria é o vencedor de concurso patrocinado por importante jornal da capital gaúcha na época (*Diário de Notícias*).

Falecidos mãe e pai, transfere-se definitivamente para Porto Alegre em 1929, onde passa a trabalhar como jornalista. No ano seguinte, aventura-se na política e vai até o Rio de Janeiro, seguindo Getúlio Vargas. Fica apenas seis meses na então capital federal. Voltará cinco anos depois, em temporada marcante para sua vida, quando travará conhecimento com os poetas que mais admira: Cecília Meireles e Manuel Bandeira, os outros dois grandes líricos modernos brasileiros.

Nos anos 30, Quintana estabiliza-se na vida profissional, como jornalista e como tradutor assalariado pela Editora Globo. Nesse período, desabrocha e viceja o poeta, que se apresenta finalmente ao mundo numa coletânea própria. Lança seu primeiro livro, *A rua dos cataventos*, em 1940. O livro de poemas inaugura nova etapa em sua vida, ao mesmo tempo que coroa uma década de progressivo amadurecimento.

A década de 40 e a primeira metade dos anos 50 serão de grande atividade para Quintana. Dessa época são os livros de poesia *Canções* (1946), *Sapato florido* (1948), *O aprendiz de feiticeiro* (1950), *Espelho mágico* (1951, com prefácio de Monteiro Lobato) e um volume de *Inéditos e esparsos*, publicado em 1953 na cidade de Alegrete. É ainda nesse período que começa a publicar o *Caderno H* ("textos escritos em cima da hora, na hora H"), primeiro na revista *Província de São Pedro*, e depois, a partir de 1953, no jornal *Correio do Povo*, onde permaneceu por décadas. As prosas curtas, as croniquetas, as evocações e os poemas em prosa do *Caderno H* angariarão a Quintana seu primeiro e fiel público de leitores, que só fará crescer a partir daí. Entre as muitas traduções feitas por Quintana no período, destacam-se as de Marcel Proust, que marcaram época.

Depois de breve interregno, as décadas de 60 e 70 assinalarão a consagração nacional do poeta Quintana. Em 1962, reúne sua produção poética em *Poesias*. Em 1966, quando completa 60 anos, sai a *Antologia Poética*, organizada por Rubem Braga e Paulo Mendes Campos para a prestigiosa Editora do Autor, livro vencedor do Prêmio Fernando Chinaglia ("melhor livro do ano"). As homenagens públicas se sucedem: saudação na Academia Brasileira de Letras por Augusto Meyer e Manuel Bandeira (1966), Cidadão Honorário de Porto Alegre (1967), placa de bronze em Alegrete (com a famosa inscrição: "Um engano em bronze é um engano eterno."), medalha "Negrinho do pastoreio" do estado do Rio Grande do Sul e, ao completar 70 anos, em 1976, prêmio Pen Clube de poesia.

Os setent'anos, em vez de assinalarem um começo de fim, apontam para um novo começo na trajetória de poeta e prosador de Mario Quintana. São desse momento dois de seus livros mais destacados: *A vaca e o hipogrifo*, de pequenas prosas, e *Apontamentos de história sobrenatural*, de pura poesia elegíaca em versos simples reveladores de grande maturidade criativa. Os lançamentos se sucederão e novo momento de consagração ocorre em 1980, quando recebe o prêmio Machado de Assis da Academia Brasileira de Letras. Vale lembrar que ao longo de sua carreira Quintana também publicou alguns notáveis livros dirigidos ao público infantil.

Depois de sofrer um atropelamento, o poeta octogenário não deixará de produzir e galgará novas alturas em matéria de prêmios, homenagens, títulos universitários honorários. Em meio a tantas glórias, a maior é ver-se poeta popular, concretizando a fusão com a alma das gentes, meta maior de cronistas e líricos. Em 1985, é escolhido patrono da Feira do Livro de Porto Alegre, o mais clássico dos eventos literários brasileiros. Nesse ano ainda, sai o *Diário poético*, agenda pessoal de grande venda, em que a cada dia consta um pequeno texto de sua autoria.

Falece em 1994, aos 88 anos de idade. Seus últimos e produtivos dez anos trouxeram antologias, novos livros de poemas, novas coletâneas de crônicas do *Caderno H*, livros infantis. Já nesse período, e de forma mais intensa postumamente, sua obra frutifica em adaptações, encenações, musicalizações. A palavra do poeta fertiliza.

Italo Moriconi

Fontes: CARVALHAL, Tania Franco. Cronologia, in *Mario Quintana – poesia completa*, Rio de Janeiro, Ed. Nova Aguilar, 2005. FISCHER, Luís Augusto. Viagem em linha reta, in *Mario Quintana/Cadernos de literatura brasileira*, São Paulo, Instituto Moreira Salles, 2009.

Cronologia da obra

OBRAS PUBLICADAS

A rua dos cataventos (1940)

Canções (1946)

Sapato florido (1948)

O aprendiz de feiticeiro (1950)

Espelho mágico (1951)

Inéditos e esparsos (1953)

Caderno H (1973)

Apontamentos de história sobrenatural (1976)

A vaca e o hipogrifo (1977)

Esconderijos do tempo (1980)

Baú de espantos (1986)

Da preguiça como método de trabalho (1987)

Preparativos de viagem (1987)

Porta giratória (1988)

A cor do invisível (1989)

Velório sem defunto (1990)

Água: os últimos textos de Mario Quintana (2001, póstumo)

Obra reunida

Poesias (Porto Alegre: Globo, 1962)

Poesia completa (Rio de Janeiro, Nova Aguilar, 2005)

Infantojuvenil

O batalhão das letras (1948)

Pé de pilão (1975)

Lili inventa o mundo (1983)

Nariz de vidro (1984)

Sapo amarelo (1984)

Primavera cruza o rio (1985)

Sapato furado (1994)

Traduções no exterior

Objetos perdidos y otros poemas (Buenos Aires, 1979)

Mário Quintana: poemas (Lima, 1984)

[Em antologias]

Brazilian literature (Nova York, 1945)

Poesía brasileña contemporánea (Montevidéu, 1947)

Antologia de la poesía brasileña (Madri, 1952)

Un secolo di poesia brasiliana (Siena, 1954)

Anthologie de la poésie brésilienne contemporaine (Paris, 1954)

Nuestra America. Antología de la poesía brasileña: cuadernillos de poesía (Buenos Aires, 1959)

Antologia poética de la poesía brasileña (Barcelona, 1973)

Las voces solidarias (Buenos Aires, 1978)

Índice de títulos

"2001 — Uma odisseia no espaço", *141*

2005, *79*

5005618942, *23*

A chave, *61*

A construção, *103*

A divina caçada, *123*

A eternidade está dormindo, *254*

A gente ainda não sabia, *177*

A grande atração do circo, *193*

A grande aventura, *165*

A guerra e o desespero, *107*

A leitura interrompida, *69*

A minha rua, *273*

A minha vida foi um romance, *235*

A moeda, *156*

A morte viva, *198*

A poesia é necessária, *249*

A revelação, *160*

A rua do poeta, *101*

A tentação e o anagrama, *106*

A terra, *259*

A verdade da ficção, *35*

A viagem impossível, *262*

A vida, *84*

Achados e perdidos, *172*

Agora e sempre, *94*

Ah! Essas precauções..., *26*

Ah, as viagens, *151*

Ah, o bom gosto, *95*

Ah, sim, a velha poesia..., *211*

Ainda as convicções, *196*

Álbum de N. F., *128*

Andanças e erranças, *43*

Anotação para um poema, *62*

Apontamento de história natural, *150*

Apresentações etc., *38*

Aproximações, *121*

As covas, *24*

As partezinhas, *234*

As Três Marias, *58*

Atavismo, *279*

Até que enfim, *174*

Aug, *138*

Babel, *175*

Bilhete a Heráclito, *92*

Bilo-bilo, *66*

Boi do barulho, *131*

Branca, *46*

Caligrafias, *280*

Camuflagem, *261*

Carrossel, *73*

Catarina, *173*

Cautela!, *226*

Cautela, *166*

Cecília, *133*

Cinema, *219*

Clareiras, *104*

Clarividência, *155*

Coisas de índios, *278*

Coisas nossas, *184*

Compensação, *57*

Comunhão, *159*

Comunicação, *217*

Confessional, *63*

Conto amarelo, *149*

Conto azul, *186*

Conto azul, *276*

Conto de todas as cores, *85*

Conto do tresloucado, *231*

Conto familiar, *34*

Crime & castigo, *225*

Da conversação, *74*

Da observação indireta, *271*

Da serenidade, *125*

Da verdadeira possessão diabólica, *60*

De certa oratória, *142*

De como não ler um poema, *54*

De leve, *33*

De um diário íntimo do século trinta, *180*

De uma entrevista para o boletim do IBNA, *144*

Decadência da burguesia, *127*

Degradação, *114*

Depoimento, *207*

Depois de tudo, *246*

Diagnóstico errado, *195*

Direção única, *191*

Do estilo, *68*

Do gigantismo, *136*

Do primeiro ao quinto, *255*

Dona Santinha, *264*

Dos costumeiros achaques, *81*

Dos rituais, *70*

Eis senão quando, *213*

Elegia, *86*

Em tempo, *187*

Esperas e surpresas, *222*

Está na cara, *243*

Evolução, *29*

Exercícios, *190*

Fazer e sentir, *117*

Ficção, *72*

Geometria, *260*

Germinal, *204*

Gestos, *208*

Golpe de Estado, *252*

Gramática da felicidade, *59*

Haikai, *45*

Hamlet e Yorick, *44*

História contemporânea, *112*

História natural, *76*

História quase mágica, *47*

História real, *130*

História urbana, *37*

Homo insapiens, *40*

Horas, *80*

Imperceptivelmente, *25*

Incomunicabilidade, *88*

Ingenuidade, *237*

Instabilidade, *270*

Intenções, *48*

Intérpretes, *71*
Ironia e humor, *248*
Lá pelas tantas, *244*
Lazer, *42*
Leitura: redação, *274*
Leituras secretas, *236*
Liberdade condicional, *82*
Libertação, *110*
Libertação, *83*
Lições da história, *98*
Linguagem, *28*
Loteria, *78*
Madrigal, *89*
Memória, *269*
Mobral, *228*
Motivações, *257*
Não olhe para os lados, *194*
Não, não convém muita cautela, *120*
Nariz e narizes, *122*
No meio da rua, não, *41*
No princípio do fim, *281*
No silêncio da noite, *157*
Nostalgia, *124*
Nostalgia, *233*
Noturno XVII, *39*
Noturno, *232*
Novidades, *171*
Novos & velhos, *199*
O álbum, *161*
O confidente sumido, *91*
O criador e as criaturas, *188*
O estranho fichário, *154*

O inominável, *245*

O mago e os apedeutas, *100*

O menino e o milagre, *135*

O morador distante, *209*

O mundo delas, *183*

O ovo inquieto, *185*

O ovo, *282*

O que chegou de outros mundos, *239*

O raptor, *152*

O silêncio, *169*

O tempo e os tempos, *266*

Opção, *75*

Os elefantes, *56*

Os excitantes e a saturação, *90*

Os hóspedes, *64*

Os invasores, *216*

Os olímpicos, *238*

Outro princípio de incêndio, *51*

Paraísos, *32*

Parcialidade, *137*

Parêntesis, *111*

Passarinho, *241*

Pausa, *147*

Paz, *115*

Paz, *227*

Pequeno esclarecimento, *140*

Perguntas & respostas, *250*

Perversidade, *129*

Poças d'água, *178*

Poder de síntese, *36*

Poema entredormido ao pé da lareira, *50*

Poema, *146*

Poesia e emoção, *139*

Primeiras leituras, *168*

Puxa-puxa, *267*

Que horas são?, *247*

Raios & trombetas, *192*

Raízes, *126*

Realejo, gaita de boca e outras musiquinhas..., *202*

Recato, *31*

Reflexos, reflexões..., *189*

Relax, *52*

Restaurante, *27*

Retratos, *263*

Romance sem palavras, *113*

Sabotagem, *182*

Semelhanças & diferenças, *119*

Sempre desconfiei, *153*

Serenidade, *55*

Sete variações sobre um mesmo tema, *200*

Silêncio, *230*

Silêncios, *170*

Simultaneidade, *167*

Souvenir d'enfance, *206*

Surpresas, *93*

Suspense, *109*

Suspense, *67*

Tédios, *197*

Transcendência, *134*

Trecho de carta, *30*

Um pé depois do outro, *229*

Um poema anacrônico, *221*

Um velho tema, *132*

Uma frase para álbum, *268*

Uma simples elegia, *218*
Uni-versos, *224*
Uns e outros, *77*
Urbanística, *65*
Urizafel, *143*
Verão, *87*
Verbete, *49*
Verbetes, *145*
Viagens no tempo, *97*
Vida social, *99*
Vivências, *205*
Vovozinha, *116*
Zoologia, *240*

Este livro foi impresso
pela Geográfica para a
Editora Objetiva em
agosto de 2012.